Dr.シャインの
実践：対話型プロセス・コンサルテーション
営業組織が変わる法則

著者 エドガー H. シャイン／小林基男／重松健司
Edger H. Schein ／ Kobayashi Motoo ／ Shigematsu Kenji

訳・編集 松本美央 Matsumoto Mio

東京 白桃書房 神田

はじめに

　プロセス・コンサルテーションは，エドガー・H.シャインの理論の中でも根幹を成すものであり，コンサルティングをはじめとする様々な場面における，重要で基本的なスタイルの1つとなっています。しかし，その汎用性の高さは同時に理論の抽象度の高さにも繋がるため，たとえ机上で理論を理解できても，実際に行うとなるとどのように行動すると良いのかが想像しにくいという声も少なくないようです。一方でシャイン自身は，シチュエーショナルであることが最も重要となるはずのプロセス・コンサルテーションが，定型のハウツーに落とし込まれ本来の意味を失うことを懸念してか，その例として提示するケースは自身が経験した具体的で局地的な場面や瞬間のエピソードに限られています。

　これに対し本書では，対話型プロセス・コンサルテーションの好例である「株式会社ファーストプレイスにおける営業組織のコンサルティング」を題材とし，シャインとともに考察を加えることで，実際のコンサルティングの導入からの一連の流れの中でのプロセス・コンサルテーションの姿を具体的に読者に紹介しています。

　株式会社ファーストプレイス（以下，ファーストプレイス）は，金融業界やIT業界，メーカー等の「営業組織」に特化し，コンサルティングを行っている会社です。日本では，今，「モノ売りからコト売り」への変化，つまり商品をただ売り込む時代から，物の使い方を教えるなど，商品の生み出すストーリーそのものを売る時代へと変わっていっていると言われています。しかし，具体的にどのようなことを行えばそれが達成できる組織になるのかということはよくわからないままに，個人の意識に頼って旗だけが振られているのが多くの現状のようです。それに対し，ファーストプレイスは「ダイアログ（対話）」を活用したプロセス・コンサルテーションにより，組織の改革や自己変容を促し，それを自走させる仕組みを根付かせることでこれを行い，非常に成功を収めています。2017年2月，パロアルトで私たちがこの事例を初めてエドガー・H.シャインにプレゼンテーションした際には，彼の口から「これこそが対話型プロセス・コンサルテーションだ！」との評価も得ました。

　もちろん，例えば研修などにおいて具体的に「何をするか」ということは，プロセス・コンサルテーションの前提の通り「クライアントとコンサルタントで決める」ものであり，どれだけ成功したやり方であっても，別の組織や別の場面において同じことを

すれば良いというものではありません。しかし,「クライアントとコンサルタントで決める」ということはどういうことか,どのような手順を経ることになるのかというモデルを知ることは,実際にプロセス・コンサルテーションを行うための大変重要な一歩となるでしょう。また,ファーストプレイスが一連のコンサルティングを進める中で行っている,一般的な日本の組織や個人の性質も考慮に入れた数々の工夫は,日本の読者にとっては大変有用なものになるはずです。

　本書の第Ⅰ部は事例編として,ファーストプレイスでの実際の事例に沿って,一連のコンサルティングや研修の流れを具体的に詳しく紹介しています。また,プロセス・コンサルテーションの視点から,各々の段階において注意すべきことや,グループに起きる変化の背景についての分析も併せて記しています。第Ⅱ部は理論編として,リレーションシップのレベルという観点で,ファーストプレイスの事例が組織開発に成功したポイントをシャイン本人が読み解いています。実際の手順と理論的な背景の対応をわかりやすく示し,プロセス・コンサルテーションを実践するということの具体的なイメージをしっかりと掴んでいただけるつくりになっています。

　本書が,プロセス・コンサルテーションを現場で実際に生かしていこうとする方々の一助になることを祈念しております。

目次

はじめに …………………………………………………………… 003

第Ⅰ部　事例編
株式会社ファーストプレイスにおける営業組織のコンサルティング

序章　対話型プロセス・コンサルテーション事例の概要　❿
1. コンサルティングの3つの最終目標 …………………………… 010
2. 事務局とプロジェクトチームのタスクイメージ ……………… 011
3. コンサルティングの全体的な流れ ……………………………… 013

第1章　プロジェクトのキックオフまでの流れ　⓱
1. クライアント側担当者とのダイアログ ………………………… 017
2. クライアント側トップとのミーティング ……………………… 019
3. プロジェクトのキックオフ ……………………………………… 020

第2章　インタビュー　㉒
1. チームインタビュー ……………………………………………… 022
2. チームインタビューの重要性 …………………………………… 024
3. 付箋を使ったダイアログ ………………………………………… 025
4. 「チェックイン」による対話の場づくり ……………………… 026
5. 個別インタビュー ………………………………………………… 027
6. インタビューから見える営業組織共通の特徴 ………………… 031
7. インタビューのレビュー ………………………………………… 031
8. モデルの型取り …………………………………………………… 034
9. インタビューから見えくる問題点 ……………………………… 037

第3章　トレーニングとアクションラーニング　㊴
ダイアログによる探索的プロジェクトと組織学習

1. 仮の取り組み方法決定 …………………………………………………… 039
2. トレーニングの目標 ……………………………………………………… 040
3. ダイアログによる組織学習の習得と自己組織化の流れ ……………… 040
4. トレーニングの参加者 …………………………………………………… 041
5. トレーニングの具体的な流れ（例）…………………………………… 041
6. ダイアログによる振り返りと相互学習 ………………………………… 043
7. 具体的なトレーニング例 ………………………………………………… 044
8. アクションラーニング …………………………………………………… 063
9. 各々の部署でのアクションラーニングの実践とその影響 …………… 069

第4章　プロジェクトによる変化　㊺

1. 研修終了時のまとめ：取り組みの効果 ………………………………… 070
2. トップとのレビュー ……………………………………………………… 071

第5章　コンサルティング終了後の変化　㊼

1. コンサルティング終了後の3つの大きな変化 ………………………… 073
2. 階層構造の変化 …………………………………………………………… 073

付録　参加者の声と受講前，受講後の変化　㊿

＜参加者の感想＞ …………………………………………………………… 075
＜ビデオを使ったロールプレイングについての感想＞ ………………… 076
＜実際の行動の変化＞ ……………………………………………………… 077
＜コンサルタントから見た変化＞ ………………………………………… 079

第Ⅱ部　理論編
対話型プロセス・コンサルテーションとレベル2リレーションシップ

1. 新しい介入としてのファーストプレイスの取り組み ……………… 082
2. リレーションシップ理論 ……………………………………………… 083
3. レベルマイナス1リレーションシップ ……………………………… 083
4. レベル1リレーションシップ ………………………………………… 084
5. レベル2リレーションシップ ………………………………………… 085
6. レベル3リレーションシップ ………………………………………… 086
7. コンサルタントの果たす役割 ………………………………………… 088
8. ポジティブなフィードバックの重要性 ……………………………… 088
9. レベル2のリレーションシップによる
　　ダイアロジカル・ロールプレイング ……………………………… 089
10. ダブルループラーニング …………………………………………… 089

まとめ ……………………………………………………………………… 091

第Ⅰ部 事例編

株式会社ファーストプレイスにおける営業組織のコンサルティング

　第Ⅰ部では，まず，株式会社ファーストプレイス（以下，ファーストプレイス）が実際に行っているコンサルティングの具体的な流れとその結果，またそれについての考察を行っています。これによって，読者は，対話型プロセス・コンサルテーションの実際の姿を，導入から終わりまではっきりとイメージできるようになるでしょう。

＊

　冒頭で序章として全体の流れを俯瞰する**図表（図表Ⅰ-序-1）**を提示していますので，第1章以降の具体的な手順を読み進める際の地図として参照して下さい。また，具体的な手順は〈To Do〉何をどうするか，〈Point〉その手順での注意点，で示しています。プロセス・コンサルテーションとして特に有用な工夫がなされている場面や，重要な変化が起きている場面については**「シャイン博士の解説」**として理論的な背景も詳しく解説していますので，是非ご参照ください。

序章
対話型プロセス・コンサルテーション事例の概要

1 コンサルティングの3つの最終目標

　具体的な事例を見る前に，まず一連のコンサルティングを通して，対話型プロセス・コンサルテーションが目指すべき目標について確認しておきましょう。コンサルタントは，コンサルティングを行う上で，以下の3つの目標を常に心に留めておかなければなりません。

■ **対話型プロセス・コンサルテーションの3つの最終目標**
1. 自己変容，自己変革を促すこと
2. 組織の変革を促すこと
3. それを自分たちで自走できるよう自立してもらうこと

　これから紹介する事例のような営業組織に対するコンサルティングでは特に，クライアントから，コンサルティングの結果がすぐ売り上げに反映するよう求められることが少なくありません。どのクライアントであっても，最終的に求めるのは営業組織全体の売り上げ向上であるという点は同じです。しかし，ダイアログによって自己変容と組織変革を促し，営業のスタイルに抜本的な変化をもたらすには，それなりに時間がかかるものです。性急な改善を求めるクライアントに対しては，自己変容と組織変革は時間をかけてゆっくりと変容していくものだということをまず理解してもらわなくてはなりません。そのようなプロセスの結果として，クライアントの人と組織がどれだけ変わったかということを，実際の事例によって示すことができれば，最も説得力があるでしょう。

> ★ **Point**
> ・対話型プロセス・コンサルテーションの3つの最終目標とは？
> ・自己変容と組織変革には一定の時間が必要である
> ・上記をクライアントに理解してもらうには，具体的な事例の提示が最も効果的である

2 事務局とプロジェクトチームのタスクイメージ

　実際のコンサルティングは，コンサルタントとクライアント側からなる運営メンバーと，チェンジエージェントとしてのプロジェクトチームによって進められます。プロジェクトチームは十数人のメンバーにより構成されています（その選出の仕方は，次章で詳しく述べます）。

　具体的なコンサルティングの大まかな流れと，その際の運営メンバーとチームメンバーのタスクをイメージ化したものが図表Ⅰ-序-1です。

　左側実線の太枠は，今回のプロジェクトチームのメンバー（参加者）を表しています。参加者のチームメンバーのうち全体のモデルとなるような数人（ここでは2人ですが，

図表Ⅰ-序-1 研修の流れと運営メンバーとプロジェクトチームのタスクイメージ（例）

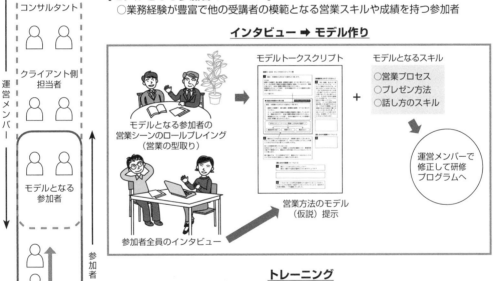

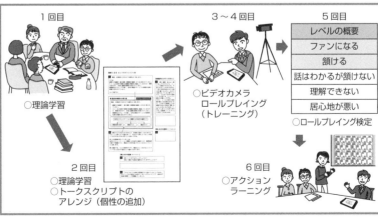

あくまで1つの例であり決まりはありません。この人数は状況に応じてダイアログによって決定されます。これ以降のすべての人数についても同様です）が，運営メンバーとして選出されます。これとは別に，クライアント側から選出された担当者が数人（ここでは2人）入ります。この2人は，プロジェクトが進み，様々なプロジェクトチームができていっても，同じメンバーが務めます。これにコンサルタント2人が加わって，運営メンバーとなります。

　図表I-序-1の右側上部が，前半のインタビューまでを表した一例図です。プロジェクトの準備段階からここまで，約3ヵ月をとっています。このような流れを基に，モデルトークのスクリプトを作成します。これに，モデルとなるスキルや営業方法，プレゼンテーションスキルを加えます。型取りは，図中に示したようにビデオでロールプレイングを撮影して行います。他方では，チームインタビューとは別に参加者へのインタビューが個別に行われています。この後，コンサルタント側からも，このチームインタビューや個別インタビューで出てきた営業方法のモデルの提示を行います。

　その後，後半のトレーニングに関して，運営メンバーでダイアログを行います。まず，チームインタビューや個別インタビューから得られた仮説と，それに対するトレーニング案をコンサルタント側から提示します。トークスクリプトについても同様です。その提示を受けて，運営メンバーでダイアログを行い，最終的なトークスクリプトと後半のトレーニングの細かい修正を行うのです。このときのダイアログには，プロジェクトオーナーであるクライアント側のトップも加わります。

　右側下部がトレーニングです。この図ではトレーニングは，全部で6回行います。これらは，1日ずつ約2週間おきに約3ヵ月かけて行っていきます。

トレーニング1回目

　理論学習として，まず，コンサルタント側からチームメンバーに，個別インタビューやチームインタビューから見えてきたことをフィードバックします。その後，チームメンバーの共通言語，共通概念作りのために，セールススキルの基本的な知識や，マーケティングの理論についてレクチャーします。

　1回目は全体の中ではどちらかと言うと唯一座学の多い日ですが，コンサルタントからチームメンバーに情報提供する際も，それについてチームメンバーが思ったことや気づいたこと，感じたことを常にダイアログできるようにしながら進めるようにします。例えば，コミュニケーションスキルのレクチャーの後にダイアログを行うと，「自分は今までそれができていなかった」と気づく人もいれば，逆に「自分はこの部分はできていたんだ」と気づく人もいます。中には教えられた内容に納得いかないという人もいるでしょう。これを放置していてはモチベーションも下がりますし，また，こ

のような視点は全体の組織学習につながる気づきを秘めていることもありますから，コンサルタントは，レクチャーの際であってもどのような意見も遠慮なく出せるような場であることに心掛けています。

トレーニング2回目

　理論学習の続きも行いますが，メインはトークスクリプトのアレンジです。コンサルタントが作ったたたき台を基に運営メンバー内のダイアログによって作成された，モデルとなるトークスクリプトのセリフは，人によっては言い難く感じるものも含まれているでしょう。それを，自分たちの言葉に直してもらいます。また，ところどころに個人の体験談や事例などを入れるための空欄があるので，そこに，自身の体験談や事例を入れてもらいます（後出の**図表Ⅰ-2-5**を参照）。個人の体験談や事例を話すことによって，顧客の共感を得ることができるようになるので，これはとても大切な作業です。

トレーニング3回目，4回目

　2回目で自分のトークスクリプトを完成させた後，ほぼ丸2回分，ロールプレイングによるトレーニングに時間を使います。営業担当者と顧客の役を，チームメンバーで相互に行います。

トレーニング5回目

　ロールプレイングの検定を行います。このテストのときだけは，顧客の役をコンサルタントが行います。

トレーニング6回目

　アクションラーニングの考え方や，ファシリテーションのスキルなどを学びます。

　トレーニングのそれぞれの詳しい内容は，次章以降で説明していきます。

3 コンサルティングの全体的な流れ

　対話型プロセス・コンサルテーションにおける3つの最終目標と，プロジェクトチームのタスクイメージを確認できたところで，具体的なコンサルティングの全体的な流れを見てみましょう。ファーストプレイスが実際に行っているコンサルティングの流れを示したのが**図表Ⅰ-序-2**です。

図表Ⅰ-序-2　コンサルティング事例の全体の流れと各章との対応

			To Do	Check!
第1章	担当者とのダイアログ		担当者から問題認識のヒアリングを行う ↓ 担当者と仮説に基づくダイアログを行う	・営業組織に関する典型的な4つの問題認識 ・問題が起こる5つの要因
	トップとのミーティング		トップに問題の要因についての仮説を提示し，トップとダイアログを行う ↓ トップに，コンサルティング導入の可否を決断してもらう	
	プロジェクトのキックオフ		事務局がプロジェクトチームのメンバー（チェンジ・エージェント）を選出する	
第2章	インタビュー	チームインタビュー	ハイポイントインタビュー	メンバー同士でお互いの成功体験をインタビューし合う ↓ インタビュアー役がそれをリストーリーし，全体に発表する ↓ そこから感じた良い点をメンバー全員が述べる	・付箋を使ったダイアログの活用 ・営業組織共通の特徴
			強み・悩みのインタビュー	自分や組織の強み・悩みについてのダイアログを行う	
		個別インタビュー		コンサルタントが各メンバーを個別にインタビューする 1. 担当業務，2. 業務についてのPST（付箋を使用），3. 営業のプロセス，4. 面談のプロセス，5. 役割（各10分）	・多くの組織に共通する6つの問題点
		インタビューのレビュー		コンサルタントが，チーム／個別インタビューの内容や感想をまとめ，配布する	
		モデルの型取り		モデルとなるトップセールスマンを2，3人選抜する ↓ コンサルタントの前で営業のロールプレイングを行い，暗黙知を可視化する	
第3章	トレーニング	仮の取り組み方法決定		コンサルタントから仮の取り組み方法を提案する ↓ 事務局やプロジェクトチームでダイアログを行い，実際のプログラムを決定する	
		トレーニング1回目：レクチャー	①インタビューの振り返り	コンサルタントから，インタビューの結果を仮説として提示（書面と口頭によるフィードバック） ↓ 提示された仮説に対するダイアログ（感じたことや気づいたことを5分程度考えた後，付箋に書いて1人ずつ発表する）	・トレーニングの3つの目標
			②営業プロセス理論のレクチャー	営業プロセスについてのレクチャー ↓ レクチャー内容についてのダイアログ	
			③コミュニケーション理論のレクチャー	コミュニケーション理論についてのレクチャー ↓ レクチャー内容についてのダイアログ	
			④1日の振り返り：チェックアウト		
		トレーニング2回目：レクチャー，情報提供ツール・スクリプト作成	①コミュニケーション理論のレクチャー	コミュニケーション理論のレクチャー（続き） （例）不快な表現，ワードとは？ ↓ レクチャー内容についてのダイアログ	
			②行動スタイルのレクチャー	行動スタイル理論のレクチャー ↓ レクチャー内容についてのダイアログ	
			③情報提供ツール・スクリプト作成	コンサルタントが作成した情報提供のスクリプトを修正し，各人のスクリプトを作成する	

第3章	トレーニング	トレーニング2回目：レクチャー，情報提供ツール・スクリプト作成	③情報提供ツール・スクリプト作成	・セリフを自分の言いやすい表現に修正する ・空欄に具体的な体験談や事例を記入する ↓ 時間があれば，ロールプレイングをする（スクリプトを読み上げる程度）	・スクリプト修正の3つのポイント
			④1日の振り返り：チェックアウト		
		トレーニング3，4回目：ロールプレイング	①ロールプレイング（ダイアロジカル・ロールプレイ） 横並びのロールプレイング ↓ 机越しに向かい合ってのロールプレイング ↓ 実際の営業現場と同じ配置でのロールプレイング	2人1組となり，顧客との面談のロールプレイングを行う（ビデオで撮影） ↓ 撮影したビデオを見て，自分のロールプレイングを振り返る ↓ お互いに相手のロールプレイングに対する感想を述べ，ダイアログを行う ↓ ロールプレイングの相手を入れ替え，同様のことを繰り返す	・心理的に安全な場の確保 ・ロールプレイングに対するネガティブなイメージの克服
			各ロールプレイングのチェックアウト	営業担当者役：ロールプレイング前に1つの目標を立て，顧客役に前もって伝える ↓ 顧客役：ロールプレイング後，コミュニケーションレベルを5段階で評価する ↓ 営業担当者役：ロールプレイングのビデオを見て，客観的に自己評価する ↓ 営業担当者役：目標を達成できたかをふまえてダイアログを行い，感想を記入する	・ロープレチェックシート
			②1日の振り返り：チェックアウト		
		トレーニング5回目：ロールプレイング検定	①ロールプレイング検定　ロールプレイングと同様		
			②1日の振り返り：チェックアウト		
	アクションラーニング	トレーニング6回目：フォローアップ研修としてのアクションラーニング	①ファシリテータースキルのレクチャー	ファシリテーターとしての基礎知識と心構えのレクチャー ↓ プロセス／場のコントロールのトレーニング	
			②PSTの振り返り	実際の業務で実践した内容を，PSTの項目で振り返る ↓ ダイアログによって，メンバー全員で共有する	
			③プロセスマネジメント	各々の営業のプロセスをダイアログによりチームで共有する	
			④アクションプランの設定	アクションプランシートを使って，次回（2週間後）のフォローアップ研修までのアクションを自分で設定する ・アクションに難易度をつけ，難易度が高い場合は設定を見直す ・アクションに対する障害，その対策，または必要な助けを予め考える ↓ 次回のフォローアップ研修の際に，アクションが達成できたかを書き入れる	・ダイアログによる組織学習の習得と自己組織化の流れ ・アクションプランシート
			⑤1日の振り返り：チェックアウト		
		7回目以降：アクションラーニングとフォローアップ研修	実地でのアクションラーニングと2週間ごとの振り返り		
第4章	トップとのレビュー				・コンサルティング終了後の変化

次章以降を読む際の参考として，各段階が第Ⅰ部のどの章に対応しているかも併せて示してありますので，具体的な一つ一つの手順とそのポイントを読み進めながら，それが全体のどの段階で何を目指しているか，常に確認すると良いでしょう。

第1章
プロジェクトのキックオフまでの流れ

　ここでは，クライアント側担当者との最初のミーティングから，プロジェクトがキックオフするまでについて見ていきます。繰り返しになりますが，どの段階においても，クライアント側とコンサルタントのダイアログによって，すべてのことが決定されるということがポイントです。

1 クライアント側担当者とのダイアログ

> **ToDo**
> 担当者から問題認識のヒアリングを行う
>
> 担当者と仮説に基づくダイアログを行う

　「対話型」プロセス・コンサルテーションは，担当者との最初のミーティングの段階から始まっています。まず，担当者に問題認識についてヒアリングし，問題の起きている要因についての仮説（後述）に基づくダイアログを行います。

　ヒアリングで出てくる，営業組織のコンサルティング事例における一般的な担当者の問題認識としては，大きく以下の4つが挙げられます。

■ **営業組織に関する典型的な4つの問題認識**
1. 営業成績が上がらない
2. 社員のモチベーションが低い
3. マネジメントが機能していない
4. 様々な手を打つがなかなか効果が出ていない

　企業によって多少の違いはあるものの，ほぼこの4つに集約されるようです。

これに対し，問題が起こる要因として，5つの仮説を立てることができます。

■ 問題が起こる5つの要因
1. 会社側が個人の能力にのみ着目している
2. 構成主義的な対話や学習が起きていない
3. ダイアログや相互学習の方法がわからない
4. 部分的，個別的な施策が中心
5. トップから現場までが一体となった施策がない

例えば図表 I-1-1 は，ある企業がファーストプレイスのコンサルティング導入以前に社員に提供していた研修のプログラムの一例です。

図表 I-1-1 のような（従来型の）企業研修は，本書で目指す対話型のトレーニングと比して，診断型のトレーニングであると呼ぶことができるでしょう。一見すると，

図表 I-1-1 診断型営業トレーニングの例

	新卒	若手	主任	マネジャー	部長
ビジネス基礎	入社時研修 ビジネス基礎	システム活用			
対人スキル		コミュニケーション ファシリテーション 質問スキル プレゼンテーション			
マネジメント		セルフモチベーション タイムマネジメント	後輩育成 プロジェクトマネジメント	マネジメント リーダーシップ コーチング チームビルディング	組織変革
マーケティング		マーケティング基礎	マーケティング	マーケティング戦術	マーケティング戦略
営業スキル	営業スキル基礎	新規案件開拓 営業プロセス実践		営業プロセス指導	
CS		CS基礎	CS	CSと組織	
ナレッジ	製品情報 業界専門知識	ロジカルシンキング デザイン思考		ビジネストレンド	

従来型の企業研修のなかにも，知識，ヒューマンスキルの強化，営業スキルの強化など，企業で用意すべき研修は一通り揃ってはいるように見えます。しかし，個々の研修それぞれが，何のつながりももっていません。つまり，これらの研修は，個人個人が上司や先輩から足りない部分の指摘を受け，自分の目に見えた課題を解決するために参加するものでしかないのです。また，実際に研修を受けた従業員に話を聞くと，ほとんどのメニューが1日のみのプログラムであり，研修を受けていたときは理解しているつもりであっても，翌日現場に帰るとほとんど忘れているそうです。一方，企業側は「メニューを揃えた」ことで，十分な研修を用意できているはずなのに成果が上がらないことに問題意識をもっているようです。

しかし，それぞれの研修が分断され，部分的なものや個別的な施策が中心になっていることこそが，往々にして，トレーニングの効果が上がらない最も大きな理由になっています。ですから，この担当者とのダイアログと，その次のクライアント側トップを入れて行うミーティングにおいては，このプロジェクトが部分的なもので終わらないよう，個人ではなく組織全体に関わるものである（もちろん，それが結果的に個人のパフォーマンスにもつながる）ということをしっかりと理解してもらわなくてはいけません。そしてその，組織全体で取り組むということこそが，良い効果を定着させ，さらに組織内で生み出し続ける力となるのです。

★ Point
・「典型的な4つの問題認識」と，「問題が起こる5つの要因」を理解する
・個々の研修は，全体につながりをもつことで初めて大きな効果を生む

2 クライアント側トップとのミーティング

次に，トップを入れてのミーティングを行い，コンサルティングの導入についての意思決定を行う段階に進みます。

トップに問題の要因についての仮説を提示し，トップとダイアログを行う

トップに，コンサルティング導入の可否を決断してもらう

組織に変革を起こすようなプロジェクトでは，担当者とコンサルタントのダイアロ

グによって構造的には非常に良いものが作られたのにもかかわらず，CEOや特にITのヘッドなどのトップがプロジェクトの目標を十分に理解できていない状態でプロジェクトがスタートしてしまうと，彼らが後から横槍を入れ，サボタージュしてしまうといったことがよく見られます。そのため，変革を起こすプロジェクトには，トップの行動の変容という要素が不可欠です。

具体的には，最初の担当者とのダイアログの後，トップを交えたミーティングを行い，トップ自身がそのコンサルティングを導入するかどうかの決断を下すようにすることです。トップは，自社の社員はとても優秀だと認識していることが多い一方で，営業成績がなかなか上がらない，または，もっと営業成績を上げて欲しいとも思っています。また，会社として研修プログラムを多く用意するなど手を打っているが，効果が上がっていないと感じています。それに対し，コンサルタント側から先述の仮説を提示し，トップとダイアログを行った後に，トップ自身に決断をしてもらわなくてはいけません。

この，トップをプロジェクトのオーナーとするということが重要なポイントです。「トップをオーナーとしたプロジェクトとして，ダイアロジカルな組織学習を起こし，営業変革に取り組む」という結論に至ることが，実際のプロジェクトのキックオフの前準備になります。

ここまでの2段階，担当者とのダイアログとトップとのミーティングは，プロジェクトそのものの成否を大きく左右するので，焦らずに時間をかけて行います。

> ★ Point
> ・プロジェクトを組織全体のものとして定着させる
> ・トップがプロジェクトの意義を十分に理解する
> ・トップがプロジェクトのオーナーとなることが不可欠

3 プロジェクトのキックオフ

> **ToDo**：クライアント側担当者がプロジェクトチームのメンバー（チェンジエージェント）を選出する

プロジェクトがキックオフすると，最初に，チェンジエージェントとして，プロジェクトチームのメンバー（参加者）の選出に入ります。繰り返しになりますが，プロジェクトのオーナーはトップです。そのため，必ずトップ自らが関わる形で，将来のエー

ジェント候補となるマネジャーや営業担当者をメンバーとして選抜してもらいます。

　具体的には，この研修のクライアント側担当者が，メンバーを選出します。例えば，各部署のトップがメンバーを推薦し，担当者がそれを調整します。メンバーは，マネジャークラスから若手まで幅広く選出します。また，高いリーダー的資質をもっていたり，人に良い影響を与えることができたりするような人材がメンバーとしてプロジェクトに取り組むことで，各部門に自然と良い影響を及ぼすようになっていくことが望ましいでしょう。

> ★ Point
> ・メンバーの選出にはトップも関わる
> ・将来のエージェント候補を含んだメンバーを選出する
> ・各部署からの様々な階層のメンバーを含むようにする
> ・各々の部署に良い影響を与える人材であると良い

　ファーストプレイスでは，クライアント側に1回に十数人の参加メンバーを選抜してもらい，1つのチームとして半年ほどのプロジェクトとして行っています。そこには，ファーストプレイス側からコンサルタント2人が運営メンバーとして加わります。期間は，4月から9月，10月から3月の半期毎に十数人ずつを1チームとして，同じ社内で別チームを作っていきます。

　各チームのプロジェクト期間は半年ですが，それが終わった後も，チームが自主的に活動を継続し，コンサルタントはそれをサポートし続けるので，実際はオープンエンドであるともいえます。半年毎に，そのような新しいチェンジエージェントをどんどん作りながら，新しい課題に取り組んでいくことで，組織内に自主的な変革が広まっていくのです。このプロジェクト運営の最も重要なポイントは，プロジェクトそのものがダイアロジカルな組織学習を用いて，営業組織全体の変革に取り組むということです。

第2章 インタビュー

　プロジェクトチーム十数人が選出されたところで，全体のインタビューを行います。インタビューは，チームインタビューと個別インタビューの，大きく2つに分けられます。

1 チームインタビュー

　まず，プロジェクトメンバー全員に集まってもらい，1日，チームインタビューの研修を行います。

チームインタビュー　1　ハイポイントインタビュー

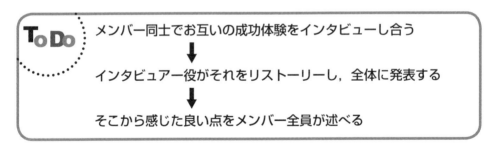

ToDo
- メンバー同士でお互いの成功体験をインタビューし合う
- インタビュアー役がそれをリストーリーし，全体に発表する
- そこから感じた良い点をメンバー全員が述べる

　チームインタビューでは，まず，一人ひとりの過去の成功体験をインタビューし合う「ハイポイントインタビュー」を行います。コンサルタントがファシリテーターとなり，2人ひと組でお互いの成功体験をインタビューし合い，その後，インタビュアー役が，チームメンバー全員に対してインタビュー相手の体験をリストーリーして話します。リストーリーをされることで，インタビュー対象者にとっては，自分の体験が他人から見るとどう捉えられるかという，他者の様々な視点を知ることになります。リストーリーの発表後，チーム全員がこのストーリーから感じたインタビュー対象者の良い点を述べていくのですが，これも同様です。

また，最初にハイポイントインタビューを行い，お互いの良い点を認め合うという体験をすることは，プロジェクトチームのメンバーに対する信頼を高め，チーム全体の結びつきを強める効果もあります。

> ★ **Point**
> ・自分の成功談に対するリストーリーや他者からの感想によって，メンバー自身が様々な視点を知る
> ・ポジティブなやり取りから始め，チーム全体の信頼感を上げる

> **シャイン博士の解説**　グループの中でさらにペアを作り，そこから全体に情報を出し，それに全員が参加していくというやり方は非常に興味深く，効果的なテクニックです。

チームインタビュー ② 強み・悩みのインタビュー

> **ToDo**：自分や組織の強み・悩みについてのダイアログを行う

　ハイポイントインタビューの後，自分や組織の強み，自分や組織の抱える悩みなどについてのダイアログを行います。特に悩みについては，ここで「皆同じ悩みを抱えているんだ」ということに気づく参加者が多いようです。逆に言えば，それまでは自分の悩みを組織の中で出せていなかったということでしょう。同様に，普通にインタビューを行っても，悩みのようなネガティブなものはなかなか表には出てきません。ハイポイントインタビューを経て，お互いに信頼感が生まれてきているからこそ，このチームの中でならば安心して話せるという気持ちが生まれるのでしょう。またネガティブなことを共有することによって，チーム全体の結びつきがさらに強まります。

> ★ **Point**
> ・悩みは表に出しづらいため普段は隠れている
> ・実は皆が同じ悩みを共有しているということも多い

2 チームインタビューの重要性

　かつての日本では，先輩後輩や上司部下で夜飲みに行き，仕事の成功体験を話したり，関係性が高まると学生時代の体験などを話したりしたものですが，最近は若者がそのような席を避ける傾向があることなどから，話し合う機会も少なくなっています。そのため，身近で仕事をしている同士でも意外にそれぞれの人の成功体験を知らなかったということが多く，特にハイポイントインタビューは非常に盛り上がります。逆にいえば，昔の世代は，会社の外で飲みに行ったりすることでなんとなくグループ全体の感触がわかっており，それがチームインタビューの役割を果たしていたともいえるでしょう。

　組織の変化を目的とする多くのプロジェクトではすぐに個別インタビューの段階に進んでしまい，このプロセスは省かれがちな部分ですが，実はとても重要な段階です。

　これはまた大変現代的な問題でもあります。多様化・複雑化・専門化によって分断した組織において，チームメンバーたちは，自分の隣りで仕事をしている人がどんなことをしていたかということに，ここで初めて気づくのです。参加当初，それぞれのメンバーは「他の部署の奴らは全く信用できない，自分たちのために全く働いてくれない」などと思っていることも少なくありません。そのようなメンバーが，ハイポイントインタビューでお互いに肯定的に「自分は素晴らしい人達と働いていたんだ」と気づき，強み・悩みのインタビューでお互い同じ悩みを抱えていることに気づくのです。ここで，チームの関係性がぐっと高まります。つまり，情報共有することで相互の信頼ができ，それが組織への信頼に置き換わっていくということをここで体験するのです。また，それが，ダイアログをして相互学習をするということの大切さを理解する入り口となります。

　このチームインタビューの際，コンサルタント側は，チームメンバーがオープンに正直に話せるよう仕向けるための何か特別なテクニックのようなものは使っていません。アメリカでは一般的によく使っているOST（オープンスペーステクノロジー），例えばファシリテーションといったスキルは使いますが，むしろ，何かしらのスキルを使っていることを覚られてしまうと場が興ざめしてしまうので，コンサルタントは，なるべく自然体で前に出ず，メンバーの主体性を高めるように場をコントロールするということに注力し，そこに細心の注意を払います。

> ★ **Point**
> ・チームインタビューによって横のつながりを生み出すことが重要である
> ・お互いを肯定的に捉え，悩みを共有することで，チームの関係性を高める
> ・チームインタビューも，ダイアログによる相互学習の１つである
> ・コンサルタントは前に出過ぎず，メンバーの主体性を高めることに注力する

3 付箋を使ったダイアログ

ToDo
- 発表する内容を付箋に書いて発表する
- ポジティブな感想をその対象者に直接貼る

　インタビューの段階では，ダイアログというやり方には，まだクライアントの組織そのものが慣れていません。日本人によく見られる集団での振る舞い方や遠慮のようなものもあるでしょう。当然ですが，チームメンバーに選ばれた人たちも，メンバーに選ばれたからといってすぐにダイアログができるわけではないので，少し工夫が必要です。ファーストプレイスでは，チームインタビューの際，付箋を使い，各自が自分の思っていることや気づいたこと，感じたことを1枚1枚書いて発表するようなスタイルをとっています。

図表 I -2-1　付箋を使ったダイアログの様子

インタビュアーが聞き取った成功体験をリストーリーして発表（ハイポイントインタビューのリストーリー）した後，それを聞いたチームメンバー全員がインタビュー対象の良いと思った点を付箋に書き，インタビュー対象の身体にそれを貼り付けていきます。日本人はシャイなので，日頃「あなたはこういうところがいいですよ」と口に出すことはなかなかありません。そのため，人から褒められることも少ないのでしょう。付箋に書いて貼ってあげることは，「あなたは承認されていますよ」ということを可視化するということでもあります。

4 「チェックイン」による対話の場づくり

　参加者は，セッション会場に来た当初は，皆，不安で暗い顔をしています。しかし，それがセッションの開始に当たり今の正直な気持を語ってもらう合図ともなる「チェックイン」という言葉とそのための時間をとるころから，少しずつオープンになっていきます。プログラムが進みハイポイントインタビューのリストーリーで付箋を貼るころには，皆が笑顔になっています。自分に貼ってもらった付箋が嬉しくて，ずっと大事に持っているという話もよく耳にします。

> ★ **Point**
> ・ダイアログに慣れるための導入として，付箋を活用する
> ・感想を身体に貼ることで，メンバーから肯定されていることが可視化される

シャイン博士の解説　このチームインタビューの流れは，まさに，信頼というものがどうやって生まれるかということを表しているプロセスでもあります。人に直接付箋で貼るという笑いにつながる工夫も，チームの雰囲気によい効果を与えています。

　素晴らしくスマートな手法です。例えば，アメリカ人はオープンに意見を出し合うということに慣れてはいますが，ただ単に前置きもなく始めてしまうと，「あなたのせいで私はこんなトラブルを抱えています」などと問題の指摘のし合いがはじまり，モラルが下がってしまうことが往々にしてあります。その意味でも，「チェックイン」に始まるインタビューの流れはどのような組織でも効果的なやり方でしょう。

5 個別インタビュー

> **ToDo**
> 以下の項目について、コンサルタントが各メンバーを個別にインタビューする
> 1. 担当業務（時間10分）
> 2. 業務についてのPST（時間10分）（付箋を使用）
> 3. 営業のプロセス（時間10分）
> 4. 面談のプロセス（時間10分）
> 5. 自分の役割（時間10分）

　チームインタビューの次に、コンサルタントが、チームメンバー各々に1時間かけて個別インタビューを行います。それに加えて、トップセールスパーソンには別のインタビューを行い、営業スタイルを明らかにしていきます。これを「モデルの型取り」と呼んでいますが、これについては後ほど詳しく説明します。

個別インタビュー 1 担当業務

> **ToDo**
> 以下の項目についてインタビューする
> （1）担当の業務
> （2）役割
> （3）担当先
> （4）業務上の目標
> （5）営業における1日の行動パターン
> （6）営業で心がけていること

　まず、担当業務について聞きます。例えば新規開拓を専門にやっている営業なのか、ある一定のクライアントに対して定期的に通っている営業なのかなどを聞いていきます。

個別インタビュー 2 業務についてのPST

　PSTとは、以下の3つのことです。

■ PST
P：Proud（プラウド）……… 良かったこと
S：Sorry（ソーリー）……… 残念だったこと
T：Try（トライ）…………… これから取り組みたいこと

ToDo 業務についてのPSTを，付箋を使いインタビューする（図表Ⅰ-2-2参照）

図表Ⅰ-2-2 業務についてのPSTのインタビューシート

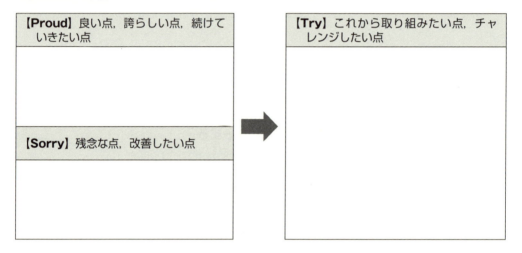

　通常日本ではSから話に入ってしまうことが多いのですが，必ずP，良いことから話し始めるようにします。会議は必ず反省から入るといった会社も多いでしょうが，それによって，なかなか良い点を出しづらくなっていることも少なくありません。自分の良いところを語れないということは，自分がクライアントから何を評価されているかをわかっていないということになります。そのため，Pを出せるようになるということは非常に重要なポイントです。

　また，もう1つとても重要なポイントがあります。Sです。この残念なことは，先述の通り，大抵の組織で常日頃から言わされていることです。しかし，実は，本当のSは決して口に出されることはないのです。上司から問題を指摘されたとき，部下はそれに対する言い訳としての理由を言うかもしれませんが，それは本心とは限りません。例えば「やろうと思ったけどできませんでした」というのが本心でも，それを口にしようものならさらに怒られることが目に見えているので，言い訳のための別の答えを用意してしまうのです。しかし，本当は「やろうと思ったけどできなかった」と

いうことを入り口として，その奥に真の理由があるはずなのです。そのため，「やろうと思ったけどできなかった」ということを受け止めないと，本当の問題点はいつまでも出てきません。そのため，チームインタビューによって関係性が向上し，何でもオープンに言えるような雰囲気になっていることで，プロジェクトチームのなかならばSを素直に出しても良いのだと思えるようになっていることが，重要なポイントとなります。

ここでも付箋を使用しています。付箋に書くと，口に出すよりも本音を言えてしまうことも多いようです。

> ★ Point
> ・必ずP，良い点から話し始める
> ・本当のSは，普段は隠されている

個別インタビュー 3　営業プロセス

以下の項目についてインタビューする
（1）商品の販売や契約獲得に至る営業のプロセス
　　　（声掛けから決定にいたる流れ）
（2）時間の配分
（3）気をつけているところ
（4）上手くいっているところや得意なところ
（5）難しいと感じるところ
（6）他人や同業他社と違うこと
（7）新規の受注を獲得するために取り組んでいること

次に，それぞれの営業のプロセス，つまりクライアントとの契約に至るまでのプロセスを聞きます。例えば，声かけをして，ヒアリングをして，提案して，といった細かい手順です。また，そのプロセスの中で自分としてはうまくいっているところはどこなのか，やり難く思っている点は何なのか，というようなことも聞きます。

個別インタビュー ４　面談プロセス

> **ToDo**　以下の項目についてインタビューする
> （1）営業訪問先との１回目の面談のプロセス
> 　　　（例）あいさつ ➡ 雑談 ➡ 本題 ➡ 終わり方？
> （2）時間の配分
> （3）気をつけているところ
> （4）上手く行っているところや得意なところ
> （5）難しいと感じるところ

　クライアントとの１回目の面談のプロセスを聞きます。例えば，人によっては，挨拶をした後に雑談してから本題に入るという人もいれば，いきなり本題から入って時間があれば雑談をするという人もいて，多種多様です。ここでも，うまくいっているところ，難しいところなども聞きます。

個別インタビュー ５　自分の役割

> **ToDo**　以下の項目についてインタビューする
> （1）期待されている役割は？
> （2）やりたい役割は？
> （3）自分の役割を何かに例えると何か？
> 　　　（エンジン，心臓，大黒柱…など）
> （4）業務上の理想の状態は？

　最後に，その人自身の役割を聞きます。例えば，「自分に期待されている役割は何だと思いますか？」といったことや，「すべてを取り払って考えて，自分がやりたい役割はなんですか？」といったことです。

　少し面白いものとしては，「自分の役割をものに例えると何ですか？」という質問もしています。例えば「潤滑油」と答える人もいますし，「エンジン」と答える人もいます。実は，これにはその企業のもつメタファーは何かということが表れているのです。例えば，ギスギスした会社は機械のメタファーをもっていることが多く，伝統的に人に優しい企業では人のメタファー，生き物のメタファーをもっていたりします。これによりかなり企業の特色がわかります。エンジンオイルと答えた人は，会社全体

のメタファーは機械でありギスギスしているので，自分はそのギスギスした間にいて調整役を買っているということになります。

> ★ Point
> ・自分の役割を何に例えるかには，組織のメタファーが反映されている

6 インタビューから見える営業組織共通の特徴

　これらのインタビューを通して見えてくる共通の特徴の1つとして，顧客とのインターフェイスの少なさが挙げられます。営業のプロセスやPSTを書くとき，残念ながら顧客についての話があまり出てきません。自分たちがもっているものを売りつけるという習慣がついているため，顧客にどのように役に立つかという具体的な設定や，顧客の要望をどのように吸い上げるかといった視点が欠けていることが多いのです。例えば，顧客をベースにセールスプロセスを考えているというような話は，なかなか出てきません。組織内のコミュニケーションの質が非常に硬直化しているので，顧客との関係も同じになっているのです。

　顧客との共創関係を目指すことを謳っている企業は少なくありませんが，実際のインタビューからは，到底そのような関係性が作れていないということがよくわかります。顧客との関係性の作り方がわからないと言ったほうが良いかもしれません。もちろん，社内でも同様のことが起きていると捉えて間違いありません。このようなことがチームインタビューや個別インタビューによって浮き彫りになります。

> ★ Point
> ・顧客とのインターフェイスの少なさ，一方通行なコミュニケーションは多くの営業組織に共通した問題である
> ・顧客とのコミュニケーションの硬直化は，組織内のコミュニケーションの硬直化の表れである

7 インタビューのレビュー

> **ToDo**：コンサルタントが，チーム/個別インタビューの内容や感想をまとめ，配布する

図表Ⅰ-2-3 インタビューレポートの例

山田太郎 様

1. **サマリー**：世の中や他者への貢献という価値観をお持ちで，行動スタイルおよびインタビューからチームのリーダーとしての責任感がうかがえました。また，真摯なお人柄が多くの方から評価されておられると思われます。
2. **営業の型**：組織のリーダーとして営業のプロセスおよびバックアップ体制の構築に取り組んでおられる話をうかがいました。
   ①プロダクトアウトのための組織的バックアップ体制
   ②マーケットインのための組織としてのバックアップ体制
3. **面談の型**：真摯に面談を行うことで，お客様の信頼を得るスタイルだと拝察致します。
4. **コミュニケーションの特徴**：真摯なお人柄，責任感があり，思慮深く言葉を選ばれるスタイルだと拝察致します。
5. **行動スタイルから見える行動の特徴，あるべき姿とありたい姿のギャップ，組織のメタファー**：安全分析スタイルの特徴であるミッション共有や真摯な行動をとられることがうかがえます。ありたい姿とあるべき姿が一致しておられます。会社のイメージとして，人のメタファーをお持ちであり，人を大切にする価値観がうかがえます。

チームインタビュー

ハイポイントインタビュー

1. 子供のころ
   活発な子供だった。
2. 今の職業を選んだ理由
   会社の理念や社員の考え方に共感して，この会社の仕事で世の中に貢献したかった。
3. ハイポイントのストーリー
   学生時代にケガで入院することになったが，退院後は大学仲間が卒論の執筆に協力してくれた。周囲の協力で卒業ができ，就職の内定も取り消されることなく今の最高の仲間のいる会社に入る事ができた。

強み・大切にしている価値感

1. 自分が大切にしている価値感
   人を活かすという事。自分の大ケガの経験から自分自身が「生かされている」と感じているため。
2. チームやメンバーの価値感
   真面目に取り組むチーム。若手とベテランがうまく融合してるチーム。毒された人がいない。
3. 感想
   ワンフォーオール，オールフォーワンのいいチームだと感じている。

悩み

1. 自分の悩み
   業務が多忙でメンバーの話をじっくり聞けない。
2. 解決策や感想
   曜日ごとに話を聞くメンバーを決めた。スケジュールを組んで実行していきたい。また，場所を変えて，会議や合宿をしたい。

行動スタイル

1. 自己診断と他者診断

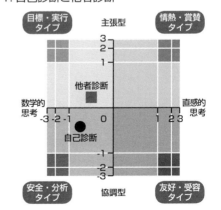

1. 担当業務

(1) 担当の業務
　有力IT2社を担当しており，チームのリーダーとして組織運営を任されている。
(2) 役割
　チームのリーダーとしてメンバーをけん引する。担当の有力IT2社にサービスや商品を提供して，お客様に貢献していく事。
(3) 担当先
　重要得意先2社およびその関連会社で訪問先約30箇所。
(4) 業務上の目標
　今年度の事業計画が10億円の達成。3年後に20億円を上げること。
(5) 営業における1日の行動パターン
　午前中は社内で諸業務に対応。午後から得意先を訪問する。夕方帰社して社内で推進会議，業務作業で若干の残業をして退社。
(6) 営業で心がけていること
　お客様第一。また，人材育成するために，メンバーの仕事を掌握して営業の後押しをすることを心掛けている。

3. 営業のプロセス

(1) 商品の販売や契約獲得にいたる営業のプロセス（声掛けから決定にいたる流れ）
　①こちらから声かけしプロダクトアウト的な営業。
　②得意先の訪問の際に要望を聞いて，それを具現化する。
(2) 時間の配分
　商品やサービスを提供する際に仕様を固めるところに一番時間を割いている。
(3) 気をつけているところ
　お客様第一。本当にお客様のお役に立つかに気を配っている。また，スピードも成功の決め手。
(4) 上手く行っているところや得意なところ
　たくさんの商材を持っているところ。一般的な商材をカスタマイズし，良いものを幅広く取り入れる流れになっており，先進技術の提案も出来ている。
(5) 難しいと感じるところ
　システムの新しい案件が少ない。技術と体制の問題も感じている。
(6) 他人や同業他社と違うところ
　担当得意先の取引規模感で他社に劣っている。
(7) 新規の受注を獲得するために取り組んでおられること
　これまでの取引関係から良い商材の提案を常に継続している。

2. 業務についてのPST

【Proud】良い点，誇らしい点，続けていきたい点
①最先端の仕事に携われる。
②メンバーと目標を共有して努力できる。
（1人はみんなのために，組織は1人のために）

【Sorry】残念な点，改善したい点
①組織間（横横）の連携がまだまだ弱い。
②チームの人と人との繋がりをもっと深めたい。
③組織が大きいため，強み・弱みを共有できていない（似た者同士が集まりやすい）。

【Try】取り組みたい点，チャレンジしたい点
①今のチームの規模を大きくして部にしたい。
②メンバーが常に前向きになるようなチーム内の改革を図りたい。
③異業種も含めた幅広い人材交流を図りたい。

4. 面談のプロセス

(1) 面談の手順
　挨拶⇒（雑談は人によって使い分け）⇒本題
(2) 時間の配分
　人によって変えている。
(3) 気をつけているところ
　時間を守る。
　相手に気持ち良くなってもらう。
　面談の前に事前整理を怠らない。
(4) 上手く行っているところ
　今の得意先とは長い付き合いで，当初は厳しく言われた事もあったが，真摯に対応してきたことで，お客様も自分を信頼してくれている。
(5) 難しいと感じるところ
　以前とは違って得意先の情報入手が難しくなった。ひと昔前であれば，夕方に顔をだして雑談して情報を得ることもできた。今はコンプライアンスの強化で，気軽に情報を得ることが難しくなったと感じている。

5. 自分の役割

(1) 期待されている役割は？
　①チームとしての事業計画の達成
　・方針を明示（メンバーと共有）
　・チーム一丸となって達成に向かって取り組む
　②部下指導
(2) やりたい役割は？
　新しい案件をコンスタントに獲得するための情報収集。
　チームメンバーを育てたい。
(3) 自分の役割を何かに例えると？
　父親
(4) 業務上の理想の状態は？
　メンバーは毎日わくわくした気持ちで出社している状態。

最後に，コンサルタントから見てチームインタビューで感じたもの，個別インタビューで回答されたものを1枚のシートにまとめて各々に渡します（図表Ⅰ-2-3）。このインタビューレポートもまた，コンサルタントによるインタビューの「リストーリー」と言えるでしょう。

チームメンバーはこのシートを大変喜びます。このシートと先程の付箋は，メンバーそれぞれの大切な宝物になっているようです。

先述の通り，これまで述べてきた進行そのものも，すべてダイアロジカルな組織学習によって決定されてきたものです。

例えば，このインタビューレポートは当初，事務局内での資料として作成されたものでした。つまり，初めはこれを全員にはオープンにせずに，運営メンバーだけに提示していたのです。それが，ある事例で，運営メンバーでダイアログをした結果，これは全体にオープンにした方が良いという結論になり，チームメンバー全員に配られたという経緯があります。

> ★ Point
> ・コンサルタントによるレポートも，リストーリーの1つ
> ・すべての進行は，ダイアログによって決定される
> ・すべての段階がダイアログによる組織学習である

8 モデルの型取り

> **ToDo**: モデルとなるトップセールスパーソンを2，3人選抜する
> ↓
> コンサルタントの前で営業のロールプレイングを行い，暗黙知を可視化する

個別インタビューと同時に，「モデルの型取り」というものを行っています。

よく日本では，営業組織は2-6-2の法則といわれる分布に分かれるといわれています。つまり，営業の成績がトップの2割，そこそこの6割，営業成績の悪い2割といった具合に分かれるということです。多くのコンサルティングの事例でファーストプレイスが研修の対象にしているのは，上位から6割，つまり平均より少し下の層までです。この6割の層の中から，例えば，次世代のリーダーになってほしいという期待がかかっ

ているようなメンバーをチェンジエージェントとして選出します。どの層からどのようなメンバーを選出するかは，コンサルタントとクライアント側担当者，トップとのダイアログによって決定されますが，チェンジエージェントとしてプロジェクトチームに入ったメンバーには，将来，リーダーシップをとってほしい，上位2割に入って欲しいという期待が掛けられていることが多いのです。

上位の2割とその下の6割の営業のやり方には大きな違いがあります。例えば，同じものを販売しようとする場合，売上成績の良い人もそうでない人も，顧客に伝える情報そのものにはあまり違いはありません。それでは，何に違いがあるのでしょうか。それは，情報を伝える順番や，情報の伝え方，顧客と商談する場の作り方などです。実は，そこから大きな違いが生まれるのです。このような違いは，暗黙知などと呼ばれるものです。目に見えない部分ではあるものの，トップセールスパーソンが自然とやっていることです。逆に，中間の6割はそこに気づいていないためになかなか成績が上がらないという仮説を立てることもできるでしょう。

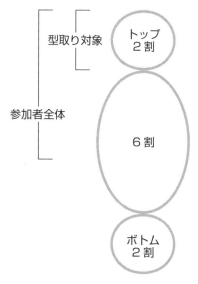

図表Ⅰ-2-4　参加者の分布モデル図

そこで，クライアント側に皆の手本となりそうな上位2割から2，3人を選抜してもらい，その人にコンサルタントの前で実際の営業シーンのロールプレイングをやってもらっています。コンサルタントはそれを見て，先述のような，多くの人々が気づいていないような点を可視化します。また，その人が実際に使っている資料も参考にさせてもらいます。

型取りの対象となったメンバーの資料を基に，コンサルタントが若干修正を加えるなどして，セリフ付きのスクリプト（図表Ⅰ-2-5参照）を作成します。これをチームメンバー全員に提示します。

これを基にチームメンバーがロールプレイングをしていくのですが，それについては次章で詳しく触れます。

ここまでが，インタビューの概要です。

★ Point
- トップ2割とそれ以外の差は，伝える情報ではなくその伝え方
- 情報の伝え方は「暗黙知」であることが多い
- 暗黙知は可視化されて初めて，共有できるようになる

図表Ⅰ-2-5 セリフ付きスクリプト例

1 最近，お客様から次のような話をよく伺います。

それは，
縦割りの組織で，横の連携（部署間の連携）が十分に取られていない。
Eメールの活用で情報の伝達量は飛躍的に増加しているのだが，情報が多すぎて，本当に重要な情報が共有されていない。
環境変化のスピードが速く，社内の商品やサービスの情報を社員に的確に伝えきれていない。

という話です。

【体験談を入れてください。】

2　（例）実際，私もよく感じるんですけれども，メールって便利ですけれども，不安になることもありますね。1日に社内外合わせて大体100通くらいのメールのやり取りをしていると思うんですが，その中で社内の連絡メールが来ても，じっくりと読むのが難しいですね。
それに，メールに会社の全体像が書いてある訳ではないので，これまでの情報とどんな関係があるかを自分で調べないといけないものも多くて，流してしまうこともありますよね。正直言って「ヒヤリ」とすることもあります。

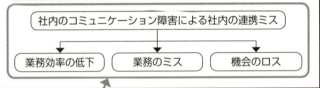

■ 最近お客様から伺う話　CREATE NEW BUSINESS CULTURE

最近，お客様から次のような話をよく伺います。
○ 縦割りの組織で，横の連携（部署間の連携）が十分に取られていない。
○ Eメールの活用で情報の伝達量は飛躍的に増加しているのだが，情報が多すぎて，本当に重要な情報が共有されていない。
○ 環境変化のスピードが速く，社内の商品やサービスの情報を社員に的確に伝えきれていない。

社内のコミュニケーション障害による社内の連携ミス
→ 業務効率の低下　業務のミス　機会のロス

【問いかけの言葉（なくてもよい）】

3

4　御社がどうかはわかりませんが，お客様と話をしておりますと，わたくしと同じような話も多くて，みなさんも同じようなことを感じておられるんだなと思うことも多いですね。

多くのお客様が仰っていることは，
社内のコミュニケーション障害による社内の連携ミスが，業務効率の低下や業務のミス，機会ロスを引き起こすことになるということだと思います。

更に最近では，ミスが効率を下げて，機会ロスにつながるというスパイラルになるので困るという話も伺います。

【問いかけの言葉（なくてもよい）】

5　（例1）ここまでよろしいでしょうか？
　　（例2）御社でも該当の箇所はございますでしょうか？

6　このようなことは何もお客様だけに起きていることではなく，わたくしどもの会社にも起きていることだということで，自社内で社員の情報ニーズを調査いたしました。

9 インタビューから見えくる問題点

これらのインタビューから見えてくる，組織の抱える問題をまとめると，図表Ⅰ-2-6の6点になります。

図表Ⅰ-2-6　インタビューから見えてくる問題点

---

① 組織全体の問題の要因が担当者やマネジャー個人の問題と捉えられている
  ・トップがコミットした組織学習が行われていない
  ・対策が個人の成長を促すものに偏っている
② 営業マネジャーや担当者間の意思疎通がなされていない
③ 構成主義的な対話や学習がない（組織内だけでなく，顧客との関係も同様）
  ・上意下達の文化（導管型）
  ・商品メリットを強調した押し込み型セールス
④ マーケティング（セールスプロセス），セールススキルなどについての共通言語がないため，営業現場の状況や営業スキルに関する対話ができない
⑤ ダイアログの方法や組織学習の方法（特に，安全な場づくりや対話のフレーム）がわからないため，肯定的発言や問題探求の対話ができない
⑥ 社員の使命感や心の中のモチベーションは高いが，表からは見えにくい

---

①1番目は，会社の問題が，担当者やマネジャー個人の問題として捉えられているということです。これは言い換えれば，トップがコミットした組織学習を行えていないということになります。そのため，対策が個人の成長を促すものに偏ってしまっています。

②2番目は，営業マネジャーや営業担当者間の意思疎通がなされていないということです。インタビューから，現場では営業担当者がマネジャーから「なんでできないのか」や「やればいいんだよ」というようなことを一方的に言われているということが垣間見えます。

③3番目としては，構成主義的な対話や学習がないということが改めて明らかになります。一方的な上意下達の文化です。これは，社内のみならず，顧客との関係でも同じです。顧客との関係ができていないので，商品メリットを強調するだけの，一方的な押し込み型の営業になっていたり，顧客の要求に応えることに精一杯で，顧客に振り回される営業になっていることが多いようです。

④ 4番目は，組織内にコミュニケーションスキルなどの共通言語がないということです。そのため，営業現場の状況や営業スキルに関する対応ができていないということが見受けられます。セールスプロセスや，セールスのスキルについての共通言語がない状態です。

⑤ 5番目に，ダイアログの方法や組織学習の方法がわからないということが挙げられます。特に，心理的に安全な場づくりがなされていません。そのために，組織内では思ったことが言えません。例えば，会議などで肯定的な発言をしたとしても，上から「有頂天になるな」などと言われると，次から肯定的な発言ができなくなります。また，対話をしようとしても「言い訳するな」と言うことで片付けられているケースが多いため，問題探究の対話もできていません。

⑥ 6番目は，良い点です。組織内で様々な問題があり，一見停滞しているように見える組織でも，実は，社員一人ひとりの使命感やモチベーションは非常に高いということがわかってきます。一方で，それが表からは見えにくいため，全体に共有されていないという残念な状況が多く見られます。ハイポイントインタビューの例のように，お互いにこのことに気づくことができれば，組織全体が非常に活性化する可能性を秘めています。

この①から⑥は，大小の差はあるものの，日本の企業で共通して見られる傾向だと言えるでしょう。

実際のコンサルティングでは，インタビューの結果を踏まえ，コンサルタントが立てた①から⑥のような仮説を基に，チームメンバーとともにダイアログをし，プロジェクトチーム全体でこのような構造を共有します。

> ★ Point
> ・多くの組織に共通する6つの問題点とは？

第3章
トレーニングとアクションラーニング
ダイアログによる探索的プロジェクトと組織学習

1 仮の取り組み方法決定

ToDo
コンサルタントから仮の取り組み方法を提案する
↓
事務局やプロジェクトチームでダイアログを行い，実際のプログラムを決定する

　インタビューから明らかとなった問題点をふまえて，トレーニングとアクションラーニングという後半のプロセスに入っていきます。

　後半のプロセス関しても，第1章で示した通り大まかなプログラムは予め用意されていますが，組織によって問題点が異なってくるため，それに沿って内容は適宜変更されます。

　インタビューの後，そこから見えてきた問題をふまえて，コンサルタントが仮の取り組み方法を検討し，提案します。これはあくまで「仮」のものであり，それをもとに事務局やプロジェクトチームで後半のプログラムについてダイアログを行い，実際のプロセスを決定していきます。つまり，プロジェクトそのものをダイアロジカルな組織変革型で行っていくための取り掛かりとして，一旦仮の案を提示するものの，その内容は組織学習の中でどんどん変容させていくということです。

　コンサルタントの提示する案はあくまで叩き台であるという意味で，ファーストプレイスでは「仮の取り組み方法」という言葉を使っています。この仮の取り組み方法についてダイアログを行い，実際のプログラムを決定することは，同時にインタビュー後の最初のトレーニングでもあります。

★ **Point**
・コンサルタントから提案したプログラムはあくまで「仮」のもの
・仮の提案から実際のプログラムを決めるダイアログがトレーニングの第一歩

2 トレーニングの目標

■ **トレーニングの 3 つの目標**
1. 共通言語づくり
2. 共通概念づくり
3. ダイアログによる組織学習の方法の習得

　トレーニングは，基本的には，インタビューから見えてきた問題や既に参加者が持っている強みを受けて行われます。

　まずは，セールススキルの共通言語づくりを行います。インタビューを通して，共通言語がないという問題点が見えてきたので，ここで共通言語をつくっていくということです。

　次に，セールスプロセスの共通概念づくりを行います。共通概念がないという問題点も，共通言語の不足同様，インタビューからわかってきたことです。

　また，組織学習の方法，ダイアログの方法の習得を行います。特にダイアログは，組織に定着していないことが多いため，丁寧に実践してもらいます。

　ダイアログとは何かということをレクチャーすると，チームメンバーは自分たちが日ごろ会議で行ってきた「話し合い」はダイアログではなく，勝ち負けのディスカッションであり，それしか行っていなかったということに気づくことがよくあります。

★ **Point**
- インタビューで明らかになった問題や強みを受けてトレーニングを行う
- トレーニングの 3 つの目標とは？

3 ダイアログによる組織学習の習得と自己組織化の流れ

　トレーニングでは，コミュニケーション技能やマーケティングの概念を学び，共通概念と共通言語をつくります。その後，ロールプレイングで，相互学習を行うと同時に，個々のスキルアップも図ります。様々なチームメンバーとのロールプレイングを通して得られた共通のレベル感は，個々のチームメンバーを通し，それぞれの部署の現場全体に広がっていきます。この過程で，組織全体がダイアロジカルな組織学習の方法を習得し，自己組織化していきます。

図表 I-3-1　ダイアログによる組織学習の習得と自己組織化の流れ

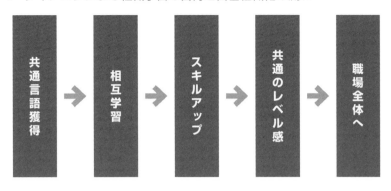

　最初の段階で，プロジェクトチームをお互いに信頼できるような場にし，お互いのフィードバックに耳を傾けるようになったということが，この流れの最も重要な前提となっています。それぞれのメンバー同士のフィードバックは，ファシリテーターからのそれよりも，ずっと強い力をもっています。

4 トレーニングの参加者

　トレーニングを行う部屋の中にいるのはチームメンバー十数人とコンサルタント2人です。また，チームメンバー以外の事務局の人間（2人）が加わることもありますし，トップもたまに見学に来ます。特にロールプレイングは，そのようなトレーニングを行うのがその組織で初めての経験であることも多いため，トップも興味を示して見に来ることが少なくありません。なお，このような場合も，必ず事前に参加者の許諾を取ります。

5 トレーニングの具体的な流れ（例）

　実際のトレーニングの1回目からの具体的な流れを図表 I-3-2 に示します。これらのプログラムは，プロジェクトチームのダイアログによって決定されるものであり，実際には適宜それぞれに異なったものになるということは先述の通りです。

図表 I-3-2　トレーニングの具体的な流れ（例）

トレーニング1回目：レクチャー
① チェックイン
② インタビューの振り返り
③ 営業プロセス理論
④ コミュニケーション理論：Ⅰ
⑤ 1日の振り返り：チェックアウト

トレーニング2回目：レクチャー，情報提供ツール・スクリプト作成
① チェックイン
② コミュニケーション理論：Ⅱ
③ 行動スタイル理論
④ 情報提供ツール・スクリプト作成
⑤ 1日の振り返り：チェックアウト

トレーニング3，4回目：ダイアロジカル・ロールプレイング
① チェックイン
② ロールプレイングの手順
③ ロールプレイングに対するネガティブなイメージの克服
④ ダイアロジカル・ロールプレイング
⑤ ロールプレイングチェックシート
⑥ 敵は自分だ
⑦ 研修トレーナーの役割
⑧ 1日の振り返り：チェックアウト

トレーニング5回目：ロールプレイング検定
① チェックイン
② ロールプレイング検定
③ ロールプレイングの評価のランク
④ ランクの分布
⑤ 1日の振り返り：チェックアウト

トレーニング6回目：フォローアップ研修としてのアクションラーニング
① チェックイン
② ファシリテータースキル
③ PSTの振り返り
④ プロセスマネジメント
⑤ アクションプランの設定
⑥ 1日の振り返り：チェックアウト

7回目以降：アクションラーニングとフォローアップ研修
実地でのアクションラーニングと2週間毎の振り返り

6 ダイアログによる振り返りと相互学習

　それぞれのトレーニングでは、必ずダイアログを行います。
　レクチャーの段階においても、その内容について、1つずつ振り返りのダイアログを行います。例えば、コンサルタントのレクチャーが理解できなかった場合にコンサルタントやレクチャー内容に不満や不信感をもつということは往々にしてありますが、他のメンバーが「わかった」というのを聞くことで、コンサルタント側ではなく自分の感受性に問題があるのではないかという新しい視点が生まれることもあるでしょう。他のメンバーが、コンサルタントとは別の言葉で「自分はこう理解した」というのを聞いて理解が進んだり、自分の理解とは異なった新しい視点を得たりすることもあるでしょう。これがダイアログによる相互学習です。
　各レクチャーの振り返りとは別に、1回の研修が終わる毎に、チェックアウトとして、その回全体に対するダイアログも行います。全体を通して見ると、個々のテーマ毎に得たものが、また別の視点を得るに伴い、意味の転換が起きることもあります。それを共有し合うことで、チーム全体にさらに理解が定着します。

　このようなプロジェクトグループの中でのダイアログは、組織内のダイアログだけではなく、顧客との間のダイアログのトレーニングにもなります。
　チームメンバーはそもそもダイアログの習慣がないことが多く、最初はダイアログの方法自体がわかっていません。そのため、研修の中でダイアログの方法を学んでもらえるよう、セクションごとに振り返りとしてチームメンバー全員がダイアログをする場を提供します。特にダイアログに慣れていない前半の研修では、何もない状態でのダイアログは難しいため、自分の意見を付箋に書き、それを貼りながら発表するスタイルでダイアログに慣れていってもらいます。

　最初にダイアログをやりましょうと呼びかけても、誰も何も話さず、ダイアログどころか、モノローグにもならないことも珍しくありません。そ

図表 I-3-3　付箋を使ったレクチャー後のダイアログ

こから，ダイアログによって相互学習をするということを身に付けるところまでステップアップして欲しいというのが，このトレーニング全体を通しての真の目的です。つまり，組織の学習力を高めるというわけです。それができることにより，自己の満足度も上がり，また，営業の成績も上がり，顧客との関係性におけるダイアログの重要性も理解できるようになるのです。

> **★ Point**
> ・トレーニングでは必ずダイアログを行う
> ・ダイアログによってお互いに新たな視点を得るという相互学習を体験する
> ・ダイアログに慣れていない段階では，付箋の使用などの工夫をする
> ・ダイアログによる相互学習を身につけるのが，トレーニング全体の真の目的である

シャイン博士の解説　はじめは誰もが，相手に話しかけているつもりで，往々にして自分の興味があることを話しているだけなのです。それではダイアログではありません。ダイアログによって，自分ではなく，相手に興味があることを，相手に対して話す。そのような訓練をしているともいえるでしょう。モノローグのような直線型の営業で自分の意見を話すだけでは，顧客は不満足です。それをダイアログに変えることにより，顧客が興味のあることなどについて情報を提供できるようになり，販売にも結びついていくでしょう。私（シャイン）は，このようなダイアログのことをピュア・ハンブル・インクァリーと呼んでいます。

7 具体的なトレーニング例

トレーニング１回目

① チェックイン
② インタビューの振り返り
③ 営業プロセス理論のレクチャー
④ コミュニケーション理論のレクチャー：Ⅰ
⑤ １日の振り返り：チェックアウト

①チェックイン／②インタビューの振り返り

コンサルタントから，インタビューの結果を仮説として提示
（書面と口頭によるフィードバック）
↓
提示された仮説に対するダイアログ
（感じたことや気づいたことを5分程度考えた後，付箋に書いて1人ずつ発表する）

　まず，チームインタビューと個別インタビューから見えたことについてのフィードバックを，インタビューの振り返りとして行います。コンサルタントが事務局に提出したレポートの一部をチームメンバーに配ります。内容は，「このチームの特徴はこのようなものです」，「営業の型はこのように見えていました」，「チームメンバーの顧客との面談の型はこのような特徴をもっています（例えばチームメンバーの特徴としては，顧客の所へ行き挨拶をした後に，雑談から入る傾向の人が多い）」といったことです。

　このレポートは，コンサルタント個人のバイアスを考慮し，まず，コンサルタントが実際に目にしたインタビューの結果や，そこから導き出したものを，あくまで仮説として事務局に一旦提出し，それを基に事務局でダイアログを重ねてつくられた資料です。また，チームメンバーに示される際も，このレポートはあくまで仮説であるという形で伝えています。

　このような形のレビューが，まず初めに行われます。

> **シャイン博士の解説**　この，「仮説」の形を取るということは，とても重要なポイントです。何かしらの観察をし，それに関して何かを書く場合には，様々な選択があり，どのような形で書くかを選ばなくてはならず，純粋に何にも偏りのないレポートを作成するということは不可能であり，それを受け取る側から別の視点や意見が出ることは当然です。その点，仮説として提示されれば，その後，そこに関わる人々によってまたそれぞれの選択をしてもらうことができます。

　書類と，コンサルタントからの言葉によるフィードバックの後，チームメンバー全員で，フィードバックから感じたことや思ったこと，気づいたことについてのダイアログを行います。ここでは，例えば「今までに営業について話す機会がなかった」，「自

分たちにも強みがあったんだと気づいた」「もっと対話の機会をもちたかった」「この参加者がリーダーとなってもっと対話を広げていきたい」というような，様々な声が上がってきます。

チームメンバーは，この段階ではまだダイアログにあまり慣れていないため，付箋を使います。コンサルタントからのレビューの後，思ったことや感じたことを，感想など何でもよいので，5分程度，1人ひとりで考える時間をまず取ってもらい，付箋に1枚ずつ書きます。全員が書き終わったら，1人ずつ前に出て，説明しながら付箋を1枚ずつ貼っていきます。付箋を貼る順番は，特に決めません。「準備ができた人からお願いします」という言い方をします。これも，準備ができた人から主体的にやるようにという，主体性を上げるための工夫の1つです。他のメンバーの意見を聞いてまた違う発想が生まれてくることもあるでしょうから，「どんどん継ぎ足してもよいですよ」ということも伝えます。

この振り返りまでで，2時間程度です。

> ★ Point
> ・コンサルタントの視点もまた様々な視点の1つに過ぎない
> ・「仮説」という提示の仕方で，別の意見を出しやすくし，チーム内のダイアログを活性化させる
> ・付箋を用いるなどの工夫をしながら，徐々に主体性を上げるように導く

③営業プロセス理論のレクチャー

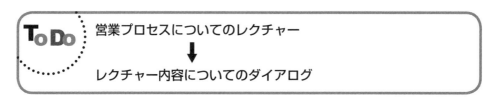

その後，営業プロセスの理論をレクチャーします。

営業担当者には，どちらかというと自分たちのもっている商品を売り込むというスタイルをとっている人が多いようです。そのようなやり方を直線型の営業プロセスと呼んでいます。1人で担当できる顧客には限りがあるので，この直線型の営業プロセスを行っていると，成約すればよいのですが，一度商品を断られてしまうとしばらくその顧客を訪れることができなかったり，二度と行けなくなってしまったりしがちです。知らず知らずのうちに自分でマーケティングの幅を狭めてしまっているのです。

図表 I-3-4　直線型の営業プロセスと循環型の営業プロセス

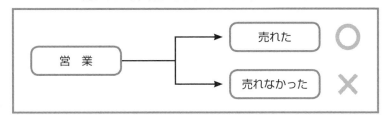

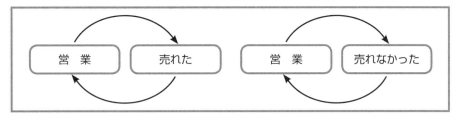

　そのような場合には，マーケットを失わないマーケティング方法として，モノを売り込むのではなく，情報提供していくというスタイルを提示しています。情報ならば，一旦その情報を断られたとしても，また新しい情報をもっていくことができます。このようなスタイルが，顧客の購買心理を大切にした営業のプロセスだと言えるのではないでしょうか。顧客の購買心理やニーズは，いつ高まるかわかりません。例えば，日本はとても保険が好きな国ですが，有名なタレントがガンになったというニュースが流れると，顧客が一斉にガン保険の資料を請求するなどということがあります。人の購買心理は，何らかの情報をきっかけに高まります。また，もっているものの不具合を感じたときに，新しいニーズが発生することもあります。そのような顧客それぞれのタイミングを大切にするやり方が，この情報だけを提供するスタイルでしょう。

　営業担当者が提供した情報と顧客のニーズがマッチしたとき，初めて販売のプロセスに移ります。これは，顧客との関係性が高くなければ進めることのできないプロセスです。そのため，レクチャーの後，ロールプレイングにおいても顧客に良い情報を提供するスタイルをトレーニングするとよいという話もします。ある情報を届けたときに，顧客がその情報に興味を示した場合は販売のプロセスに移り，興味がないと断られた場合には次の訪問の約束をとり，新しい情報をもっていけばよいのです。商品を断られた場合とは異なり，情報は断られてもまた新しい情報をもっていけばよいので，マーケットを失うことはありません。顧客側も，商品の売り込みがなく情報だけなので，気楽に話を聞けるという面もあります。このことも顧客との良い関係性を高

める一助になるでしょう。

　この情報提供には，その後に続くダイアログが前提として含まれています。ダイアログのやり方は慣れないうちはなかなか難しいので，先述のスクリプトの最後のページに，ダイアログのためのステップが書いてあります。例えば，顧客を訪問するときには，まずアジェンダがあるでしょう。このアジェンダを，1枚の紙にまとめて顧客に提示しましょう。1枚の紙に，今日顧客と話したいことをまとめ，さらに，アジェンダの一部に「ご感想やご意見をください」ということをあらかじめ盛り込んでしまうのです。これはつまり，顧客を訪問する際に，最後に必ずダイアログをしましょうということです。これを，顧客と面談する最初に渡してしまいます。それにより，最後にダイアログをしましょうと予め顧客に許可をとるのです。

　営業プロセスの理論を話した後に，ダイアログをすると，「営業のプロセスなど考えてもいなかった」，「自分は圧力で売っていたと気付いた」，「皆でプロセスの型を共有して対話することに意味があると感じた」といった声がよく上がってきます。

> ★ **Point**
> ・モノではなく情報を提供することで，マーケットを継続して保持できる
> ・情報だけの提供は顧客のタイミングを大切にし，関係性を向上させる
> ・顧客とのダイアログによって，循環型のより良い関係性が生まれる
> ・ダイアログをすることを，予めアジェンダとして書面にして渡しておく

④コミュニケーション理論：I

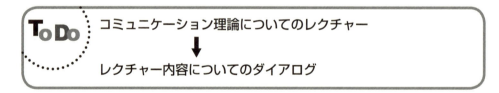

　その後，コミュニケーション理論についてレクチャーをします。コミュニケーション理論で伝えたい項目は，欲を言えば200個くらいありますが，全て覚えてもらうのは無理なので，60個程度に絞って伝えます。

　その後，ダイアログを行い，「コンサルタントが話したことに対して，難しい，または何か腑に落ちないと思う点があったかどうか」，「取り入れたいと思ったことは何か」といった意見を出してもらいます。ここでも，それぞれの参加者が出す意見を参加者が共有しダイアログを行うことで，結果的にコミュニケーションのやり方を学習しています。

このレクチャーで得た情報を題材として，ダイアログや参加者相互のロールプレイング（3回目以降で実施）を重ねる中で，メンバーの中でコミュニケーション理論の共通言語化が起こっていきます。

> ★ Point
> ・レクチャー後のダイアログも，コミュニケーションの学習
> ・学習した内容は，ダイアログやトレーニングを通じて共通言語となる

⑤1日の振り返り：チェックアウト

最後に，第1回目全体についての振り返りのダイアログを行い，終了です。全体を通して見ると，各々のレクチャー後とはまた別の視点を得て，同じ内容についての意味の転換が起こり，より理解が深まることは先述の通りです。

トレーニング2回目

ToDo
①チェックイン
②コミュニケーション理論：Ⅱ
③行動スタイル理論
④情報提供ツール・スクリプト作成
⑤1日の振り返り：チェックアウト

②コミュニケーション理論：Ⅱ

ToDo
コミュニケーション理論のレクチャー：Ⅱ
　（例）不快な表現，ワードとは？

レクチャー内容についてのダイアログ

2回目は，まず，コミュニケーション理論の続きをレクチャーします。
ここでは，例えば，下記のようなことをチームメンバーに伝えます。
営業担当者の中には，無意識に顧客に対して不快な表現，不快な態度を取ってしまっている人が少なくありません。では，不快な表現とはどういったものでしょうか。日

本人は子供のころ,「遊んでばかりいないで,少しは勉強しなさい」ということをよく言われます。これを親から言われてカチンときたり,「勉強してるよ!」と反発をした覚えのある人も多いでしょう。この表現は,断定＋命令という形で構成されています。実は,営業担当者も顧客に対してこの断定＋命令と言う表現で話している人が多いのです。この断定＋命令で話しかけられると,顧客は,何となく嫌だ,不快だというような心理になります。そのようなネガティブな気持ちの積み重ねが,顧客との関係性を悪くしている可能性が高いのです。そのため,この断定＋命令の話し方を,仮説＋許諾という形に変えようというレクチャーを行っています。

例えば,従来の営業シーンの中でよく見られる「このままでは効率が悪い(断定)ので,改善が必要です(命令)」という言い方を,「このままでは効率の悪さを懸念される方も多いかもしれません(仮説)。ついては,判断材料として私たちから情報提供をさせていただきたいと思いますがよろしいですか(許諾)」と言い換えます。またこれを実際に後半のロールプレイングで試してもらっています。

> ★ **Point**
> ・「断定＋命令」の表現は,相手に不快な印象を与える
> ・「断定＋命令」ではなく,「仮説＋許諾」を使う

③ 行動スタイル理論

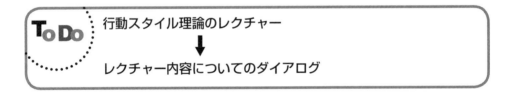

ToDo: 行動スタイル理論のレクチャー → レクチャー内容についてのダイアログ

また,相手の行動スタイル*を知り,顧客とのリレーションシップを高めるため,行動スタイル理論もレクチャーします。

世の中には,アポイントの10分前に待ち合わせ場所に行くという人もいれば,アポイントの丁度その時間に行くというタイプの人もいます。しかし,自分がアポイントの10分前に行く人は,誰でも10分前に集まるべきだと思っていることが多く,顧客や同僚が時間丁度にしか来ないというだけでストレスを感じ,うまくコミュニケーションが取れなくなったりしてしまうのです。つまり,どのような行動スタイルが望ましいかという考え方には,自分の行動スタイルによってバイアスがかかっているのです。

ここでは,様々な行動スタイルを知ることにより,自分とは異なるタイプの人がいるということを知り,それを許容しコミュニケーションを取らなければならないとい

脚注＊ファーストプレイスでは,株式会社 U'eyes Design 作成の行動スタイル　診断ツールを使用しています。

う学習が起きます。そしてそれが、もっと相手を知り対話しないといけないというように発展していく、そのためのレクチャーです。

> ★ Point
> ・相手の行動スタイルが理解できれば、リレーションシップが高まる
> ・様々な行動スタイルを知ることで、自分と異なるタイプを許容できるようになる

④情報提供ツール・スクリプト作成

> コンサルタントが作成した情報提供のスクリプトを修正し、各人のスクリプトを作成する
> ・セリフを自分の言いやすい表現に修正する
> ・空欄に具体的な体験談や事例を記入する
> ↓
> 時間があれば、ロールプレイングをする（スクリプトを読み上げる程度）

　2回目トレーニングの最後に、次回のロールプレイングに向けての情報提供ツールとしてのスクリプト修正に入ります。図表Ⅰ-3-5は、コンサルタントがモデルの型取りを基に作成したセリフ付きのスクリプトの例です。

　コンサルタントが作成した段階で、セリフも一応は書いてはありますが、それを各々の言いやすい表現などに修正してもらいます。また、ところどころに空欄を設けてあるので、そこに自分の体験談や事例を入れてもらいます。

　このスクリプト修正には、3つのポイントがあります。

■ スクリプト修正の3つのポイント
1. 各々のスタイルの違いを学ぶことで、相互学習の第一歩となる。
2. スクリプトをつくりながら、共感を呼ぶダイアログに必要なことを探求する。
3. スクリプト作成は、ロープレイングの準備である。

　1つ目は、自分のスタイルと他人の営業スタイルの違いを学ぶことにより、相互学習の第一歩がここから始まるということです。2つ目は、共感を呼ぶ、構成主義的なダイアログを行うために必要なこととは何かを、スクリプトをつくりながら探求するということです。例えば、説明調と会話調の組み合わせをする、個人の体験談や感想

図表Ⅰ-3-5 セリフ付きスクリプト例（再掲）

1 最近，お客様から次のような話をよく伺います。

それは，
縦割りの組織で，横の連携（部署間の連携）が十分に取られていない。
Ｅメールの活用で情報の伝達量は飛躍的に増加しているのだが，情報が多すぎて，本当に重要な情報が共有されていない。
環境変化のスピードが速く，社内の商品やサービスの情報を社員に的確に伝えきれていない。

という話です。

【体験談を入れてください。】

2 （例）実際，私もよく感じるんですけれども，メールって便利ですけれども，不安になることもありますね。１日に社内外合わせて大体100通くらいのメールのやり取りをしていると思うんですが，その中で社内の連絡メールが来ても，じっくりと読むのが難しいですね。
それに，メールに会社の全体像が書いてある訳ではないので，これまでの情報とどんな関係があるかを自分で調べないといけないものも多くて，流してしまうこともありますよね。正直言って「ヒヤリ」とすることもあります。

■ 最近お客様から伺う話　　CREATE NEW BUSINESS CULTURE

最近，お客様から次のような話をよく伺います。
○ 縦割りの組織で，横の連携（部署間の連携）が十分に取られていない。
○ Ｅメールの活用で情報の伝達量は飛躍的に増加しているのだが，情報が多すぎて，本当に重要な情報が共有されていない。
○ 環境変化のスピードが速く，社内の商品やサービスの情報を社員に的確に伝えきれていない。

社内のコミュニケーション障害による社内の連携ミス
→ 業務効率の低下　業務のミス　機会のロス

【問いかけの言葉（なくてもよい）】

3

4 御社がどうかはわかりませんが，お客様と話をしておりますと，わたくしと同じような話も多くて，みなさんも同じようなことを感じておられるんだなと思うことも多いですね。

多くのお客様が仰っていることは，
社内のコミュニケーション障害による社内の連携ミスが，業務効率の低下や業務のミス，機会ロスを引き起こすことになるということだと思います。

更に最近では，ミスが効率を下げて，機会ロスにつながるというスパイラルになるので困るという話も伺います。

【問いかけの言葉（なくてもよい）】

5 （例１）ここまでよろしいでしょうか？
（例２）御社でも該当の箇所はございますでしょうか？

6 このようなことは何もお客様だけに起きていることではなく，わたくしどもの会社にも起きていることだということで，自社内で社員の情報ニーズを調査いたしました。

等の挿入をするといった作業により，それを学んでいきます。3つ目は，3回目以降はお互いのロールプレイングを参加者同士が行うので，これらはその準備であるということです。時間があれば，この段階で，スクリプトを読む程度のロールプレイングを始めてもよいでしょう。

> ★ Point
> ・情報提供ツールとしてのスクリプトの修正・作成の3つのポイントとは？

トレーニング3回目，4回目：ダイアロジカル・ロールプレイング

3回目，4回目は，ロールプレイングを行います。

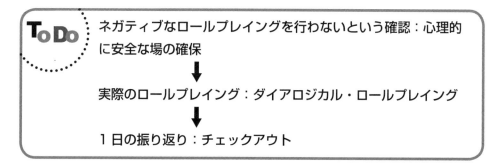

①チェックイン／②ロールプレイングの手順

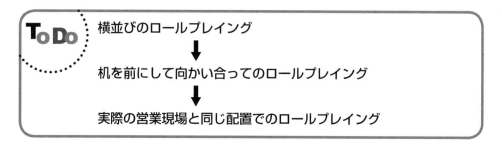

ロールプレイングも，ダイアログ同様に慣れていない人が多いため，次のような手順を踏んで行っています。まず，同じ方向を向いての横並びの状態からロールプレイングを始めます。慣れてきたら，机を前にしてお互いを向かい合うようにしてロールプレイングをします。これを何回か経た後に，通常の営業の現場と同じような，机越しに顧客役と営業担当者役が話すという形にします。

③ロールプレイングに対するネガティブなイメージの克服

　日本ではロールプレイングによるトレーニングを取り入れている会社が多い反面，ロールプレイングに対し，とてもネガティブなイメージをもっている営業担当者も少なくありません。多くの企業で行われている研修では「代表ロープレ」などといって，皆の前で呼ばれ，ロールプレイングをやりなさいと言われて行うケースが多いようです。それに対し，周りの人間は良いとか悪いとか言うジャッジしかしません。これが，ロールプレイングにネガティブなイメージをもつ原因になっているようです。

　チームメンバーが心理的な安全を保ち，安心してロールプレイングに参加できるようにするためには，やってはいけないことがあります。例えば，前述の代表ロープレ。次に，良いとか悪いとかいう間違いの指摘です。あらかじめ台本を用意せず，その場その場で行ってしまうのも好ましくありません。また，よく見受けられることですが，顧客役の人が難しい質問をするということも好ましくありません。チームメンバーには，このようなロールプレイングは行わないようにということを，まず初めに話します。そして心理的に安全な場を確保したうえで，先程の段階を経たロールプレイングに進んでいきます。

> **★ Point**
> ・ロールプレイングに対するネガティブなイメージをもっている人も多い
> ・心理的に安全な場を確保してからロールプレイングを始める
> ・ロールプレイングで避けるべきことの例：代表ロープレ，良し悪しの指摘，顧客役からの無理難題など

④ダイアロジカル・ロールプレイング

> **To Do**　2人1組となり，顧客との面談のロールプレイングを行う（ビデオで撮影）
> ↓
> 撮影したビデオを見て，自分のロールプレイングを振り返る
> ↓
> お互いに相手のロールプレイングに対する感想を述べ，ダイアログを行う
> ↓
> ロールプレイングの相手を入れ替え，同様のことを繰り返す

3回目，4回目のロールプレイングが始まると，参加者が主体性をもって，お互いにロールプレイングを行うようになります。手順は以下の通りです。

　参加者同士が2人1組となり，同じプレゼンテーション資料を使って，顧客との面談のシーンのロールプレイングを行います。そのロールプレイングの様子はビデオで撮影し，それを自分自身で見て振り返ります。次に，参加者同士で相手に対するロールプレイングの感想を述べ，営業スキルについての対話を行います。

　参加者はこのロールプレイングで，相手の良い点を学び，それを自分にも取り入れることで相互学習を経験していきます。さらに，ロールプレイングの相手を替えることで，Aの良さをBが取り入れ，それをさらにCが取り入れブラッシュアップし，Aに戻すというようなことが起き，参加者全体のスキルが上がるということをチームとして体験します。これにより，営業現場における構成主義的な学習，組織学習を体験します。

　さらに，全員がロールプレイングで顧客役を務めることにより，商談中の顧客の心理の変化も体験することになります。これにより，顧客との間での構成主義的なダイアログのあり方も学んでいきます。

図Ⅰ-3-6　ダイアログによる相互学習の発展

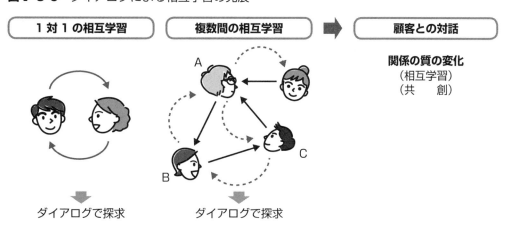

　参加者相互のロールプレイングやダイアログでは，若手の頑張りを見てベテランの参加者が刺激を受け，「自分達もまだまだだ。やっていかないといけないな」という気づきを与えられることが頻繁に起きます。若手がリーダーとなりベテランの参加者の自己研鑽を促し，そのベテランの参加者の真摯な取り組みに他のメンバーが刺激を受け，自己学習を深めていく様子には，雁が次々にリーダーを交代しながら集団で飛んでいく姿が思い浮かびます。

> ★ **Point**
> ・ロールプレイングを通して相手の良い点を学び，相互学習を深める
> ・相手を入れ替えながら相互学習を繰り返す
> ・顧客役のロールプレイングによって，商談中の顧客の心理を体験する
> ・チーム全体のスキルが上がるという組織学習を経験する

⑤ロールプレイングチェックシート

　ロールプレイングを行う際，必ず1人ひとりがロールプレイングチェックシートというものをもっています。それを使用し，以下のようにロールプレイングを進めます。

ToDo

営業担当者役：ロールプレイング前に目標を1つ立て，顧客役に前もって伝える

顧客役：ロールプレイング後，コミュニケーションレベルを5段階で評価する

営業担当者役：ロールプレイングのビデオを見て，客観的に自己評価する

営業担当者役：目標を達成できたかをふまえてダイアログを行い，感想を記入する

ロールプレイングの相手を替えながら，以上を繰り返す

　ロールプレイングをする前に，必ず営業担当者役の人に自己目標を1つ立ててもらい，それを顧客役の人に前もって伝えておきます。目標を1つに絞っているのがポイントで，これは目標を1つひとつ着実に進んでいきましょうという意味をもっています。
　ロールプレイングが終わった後，まず顧客役にコミュニケーションレベルの評価を5段階でつけてもらいます（評価の基準は後述）。次に，営業担当者役に自分のビデオを見てもらい，客観的な視点で，自己評価をしてもらいます。そして，自分の自己目標が達成できたかどうかをふまえ，ロールプレイングの感想を書いていきます。これ

を1回のロールプレイングごとに行い，回数を重ねていきます。

　ロールプレイングを重ねていく中で，それぞれが自分の中にロールプレイングの評価基準をつくり上げていきます。それと同時に，相手を替えたり，他のメンバーのロールプレイングを聞いたり見たりする中で，相互評価のフィードバックを受け，「このくらいならこのレベルだろう」とレベル感が，参加者全体で共有されていきます。これにさらに，経験豊富な研修トレーナーの意見が加わることにより，参加者だけのレベル感でなく，他業種や他社などでのレベル感も共有できるようになるのです。

> ★ Point
> ・1回のロールプレイングでの目標は1つに絞る
> ・ロールプレイングを繰り返す中で，自分の中での評価基準が定まっていく
> ・評価基準のレベル感は，ダイアログによる相互学習によって全体に共有される

⑥敵は自分だ

　ロールプレイングの7回目ぐらいになると，トレーニングを重ねているにもかかわらず，自分の成長が遅いと感じる人も出てきます。そのため，その辺りのロールプレイングチェックシートの後半には「敵は自分だ」と書いておきます。これはつまり，自分の保身が自分の成長を阻害しているということです。これを見て，そのことに気づき，そこから大きく成長していく人たちがたくさんいます。

　またこれくらいのタイミングで，成長が始まっている人はよく「ロールプレイングの相手方から厳しいことを指摘されたほうが自分の成長につながるので，遠慮しないで言ってほしい」と言い始めます。日頃の職場で上司から厳しいことを言われることに抵抗していた人が，厳しく言われることの重要性もよく理解できるようになります。受け入れる気持ちがここで湧いてきているのでしょう。

⑦研修トレーナーの役割

　以上が，3回目と4回目です。この間，研修トレーナーは何の介入もしないといいましたが，実は，チームメンバーがロールプレイングに慣れてきた段階で，顧客役のチームメンバーの横に研修トレーナーが座ることもあります。顧客役は2人になりますが，研修トレーナーは特に発言はせず，顧客側になって聞いているだけです。ただ，本当に気になるようなことがあったときだけ，振り返りの際に指摘しています。もちろん，飛び抜けて良いことがあったときもコメントすることがあります。しかし，基

図表 I-3-7 ロールプレイングチェックシート

敵は自分だ！

年　　月　　日　　氏名　＿＿＿＿＿＿＿＿＿＿

評価	1	2	3	4	5
	居心地がわるい	理解できない	話はわかるが頷けない	頷ける	ファンになる

No	Try	Proud	Sorry	評価
1				
2				
3				
4				
5				
6				

No	Try	Proud	Sorry	評　価
7				
8				
9				
10				
11				
12				

本的にはチームメンバー同士で相互学習を高めていくということが3回目，4回目の主眼となります。

　研修トレーナー側から，特によくアドバイスすることが1つあります。日本人は自分をアピールするという考えがあまりないため，自己評価の際，たとえ自分が良いと思っても低く評価する傾向があるのです。そのように見受けられるときは，ファシリテーターとして，この評価は低すぎるので遠慮なく上げてもよいというアドバイスをします。

> ★ Point
> ・メンバー同士の相互学習を高めるため，研修トレーナーは極力介入しない
> ・日本人は自己評価を低めにつける傾向があるので，その際は遠慮なく良い評価をつけるようアドバイスをする

⑧1日の振り返り：チェックアウト

トレーニング5回目：ロールプレイング検定

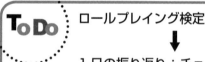

ロールプレイング検定
↓
1日の振り返り：チェックアウト

①チェックイン／②ロールプレイング検定

　トレーニングの5回目は，いよいよロールプレイングの検定に入ります。

　図表Ⅰ-3-8は，各回のロールプレイングでの自己評価を表しています。薄いグレーの欄は3回目，4回目の自己評価で，濃いグレーの欄が検定の日です。まず，顧客との面談スキルについて，顧客目線で診断しています。評価は，チームメンバー同士で行います。顧客役が営業担当者役をランク付けしたり，ロールプレイングのビデオ映像を見て，客観的に自己評価をしたりします。これをローテーションで行います。ロールプレイング検定以外で研修トレーナーが評価するということはありません。ただし，ロールプレイング検定ではプロの目から第三者（客観）的評価をして欲しいとのクライアントの要望が多いため，多くのケースで研修トレーナーが評価を行っています。

図表 I-3-8 ロールプレイング検定の評価例

ロールプレイング検定　《検　定》① 合格ライン：3⁺（目標ライン4ランク）
　　　　　　　　　　　　　② 結　果　　：受講者10名中，合格者10名。

ロールプレイング　本人評価と検定の結果

お名前	研修3回目				研修4回目					研修5回目			
	1回	2回	3回	4回	1回	2回	3回	4回	5回	1回	2回	検定	検定
P様	2⁻	2⁻	2⁺	3	3⁺	3⁺	3	3⁺		3	3	3⁺	
Q様	2⁻	2⁻	2	2	3	2	3			2	2⁺	3	3⁺
R様	3⁻	3	2	3	3	3	4			3	3⁻	4⁻	
S様	2⁻	2	2	2	3	2	3	3		3	3⁻	3⁺	
T様	3	2	3⁻	2	3	3⁻	3	3		3⁻	3⁻	3	3⁺
U様	2	3⁺	3⁺		3	3	3	3		3⁺	3	4	
V様	2	2	3	3	3	3	3	3	3	3⁺	3⁺	4⁻	
W様	3	3	2⁺	2⁺	3	3	3	3		3	3⁻	3⁺	
X様	2⁺	2⁺	2⁺	2⁺	3⁻	3	3			3⁺	3⁻	3⁺	
Y様	3⁻	2⁺	2⁺	3⁻	2	3	4⁻	3		3⁺	3⁺	4⁻	

> ★ **Point**
> ・ロールプレイングの評価は，あくまで自己評価や相互評価である
> ・研修トレーナーは評価を行わない

③ロールプレイングの評価のランク

■ **ロールプレイングの評価のランク**
ランク1：居心地が悪い
ランク2：理解できない
ランク3：話はわかるが頷けない
ランク4：頷ける
ランク5：ファンになる

　評価は，5段階で行います。最高ランクの5は顧客がファンになるレベル，次の4は顧客が営業担当者の話に頷けるレベルです。ファンになるレベルはもともと顧客のもっていた意見も変えてしまう，頷けるレベルはもともともっていた顧客の考え方は

変えないが，営業担当者の話に対して共感できるというのが目安です。参加者には，ランク4以上を目指す気持ちで取り組んでほしいところです。ランク3は，言いたいことはわかるが，共感はできないというものです。このランク辺りから，先述の不快なワードが散見されます。逆に，ランク4以上には，不快なワードはほとんど入っていません。ランク2は，何を言いたいか理解できない，ランク1は居心地が悪く聞く気にならない状態です。ランク1や2の人は，不快なワードを連発するケースが多々あります。不快なワードは顧客に不快な気持ちを起こさせます。ランク1や2の人は，この不快な気持ちを何回も起こさせてしまうので，それが積み重なり，大きな不快感につながっていることが，顧客との関係性を築けない一因になっているのでしょう。

> ★ Point
> ・ロールプレイングの評価の基準と，目指すべきレベルとは？
> ・不快なワードを連発すると，顧客の印象は悪くなる

④ランクの分布

一連のトレーニングをする前の各企業の営業担当者のランクの分布を，図表Ⅰ-3-9に示しました。この分布は，理論ではなく，ファーストプレイスが長年研修を行ってきた中での，実際のトレーニング初期段階のロールプレイングの評価による数字です。

図表Ⅰ-3-9 トレーニング前のロールプレイングスキルの分布の目安

ランク	レベルの概要	分布の目安
5	ファンになる	1%未満
4	頷ける	5%程度
3	話はわかるが頷けない	15%程度
2	理解できない	30%程度
1	居心地が悪い	50%程度

（ファーストプレイス調べ）

この分布については第2章で2-6-2の法則でも触れましたが，そこでも3～5のランクが計2割ぐらいしかいないことがうかがえています。その一方，トレーニング前は5割近くが最低のランク1という状態です。もちろん，ランク1の人でも，商談中の全ての会話がダメだというわけではありません。ところどころに不快なワードが入り，その回数が多い人が50%近くいるということです。

この分布がトレーニング後に逆になれば，トレーニングが成功したという指標になります。もちろん売り上げとランクが必ずしも直結するというわけではありませんが，研修ごとの統計からは，確実に，ランクが上がった人の売り上げが上がっているという相関関係が見られます。

⑤ 1日の振り返り：チェックアウト

8 アクションラーニング

スクリプトを題材に，各々がロールプレイングのブラッシュアップをする

実際の顧客で実践する

2週間毎に集まって振り返りを行う（メンバーが順番にファシリテーターを務める）

　ダイアログによって決定された一連のトレーニングを行った後は，現場と研修を行ったり来たりするアクションラーニングを行い，トレーニングで身に付けたスキルを実際に現場で試してもらいます。具体的には，モデルの型取りで出来上がったスクリプトを題材に，チームメンバーそれぞれが自分自身でロールプレイングのブラッシュアップをします。そして，その資料を使って実際に顧客に話をするのです。

　その後，2週間おきにメンバーが集まり，3時間から4時間で，現場での実践の振り返りを行います。アクションラーニングは，当然，メンバーの営業パフォーマンスを上げていくということを目的としていますが，それ以上に，組織学習の自己組織化を狙いとしています。営業現場に行くと，研修の教室で行っていたようなこと以外の問題がたくさん出てくるでしょう。それを1人ひとりが持ち寄り，共有し振り返ります。例えば，同じ資料を使っても，実際には，顧客によって反応が違います。その反応をメンバー全員で持ち寄り，共有し，うまくいかなかったのはなぜなのか，これからどうしていくかということを組織学習していきます。

　また，この際のファシリテーターは，コンサルタントではなく，チームメンバーが順番に務めます。対話型プロセス・コンサルテーションでは，最終的にはこのような

プロセスを組織全体で自分たちでできるようになることを目的にしています。チームメンバーがそれぞれの現場に戻ったときに，そこでファシリテーターとして実践できるよう，ここで学んでもらうのです。

> **トレーニング6回目：フォローアップ研修としてのアクションラーニング**
>
> **ToDo**
> ①チェックイン
> ②ファシリテータースキル
> ③PSTの振り返り
> ④プロセスマネジメント
> ⑤アクションプランの設定
> ⑥1日の振り返り：チェックアウト

①チェックイン／②ファシリテータースキル

> **ToDo** ファシリテーターとしての基礎知識と心構えのレクチャー
> ↓
> プロセス／場のコントロールのトレーニング

　研修の6回目では，チームメンバーに，アクションラーニングのやり方とその体験をしてもらいます。このアクションラーニングを，フォローアップ研修として位置づけています。フォローアップ研修の運営は，チームメンバー自身で行ってもらいます。そのため，この中で，ファシリテーターとしての基礎知識もレクチャーします。このファシリテータースキルのレクチャーについては，皆の関心が高く，「レクチャー後に実際に自分の職場に戻ったときに，部署の中での会議でもやってみたい」とか，「顧客との商談の中でも取り入れてみたい」といった声が上がります。
　また，日本人は一般的に，会議では礼節を守るという傾向があります。しかし，議論が白熱すると意見が対立することもあるでしょう。そして対立しそうになると，往々にしてそれを避けようと儀礼的なものに戻ってしまいがちです。しかし，それを乗り越え，なぜ対立をしたかということを探求することが大切です。

　ここでは，ファシリテーターがどこにフォーカスしてファシリテートするかといった，心構えをレクチャーします。

ファシリテートの姿勢は，大きく分けて3つあります。1つ目は，コンテンツをコントロールしようという考え方です。それは参加者にあらかじめコンサルタント側が予定している答えを覚えさせようとすることです。このようなやり方は，主体性を下げてしまうため，一時的に何かが改善するかもしれませんが，すぐに元に戻ってしまいます。

　そこで2つ目に考えられるのが，プロセスをコントロールするという考え方です。参加者に考え方のプロセスを提示し，そのプロセスに従って考え，答えそのものは参加者自身が自ら導くことになります。これは，大変良い方法であり，効果も期待できるやり方ですが，長く続けていると，参加者側がファシリテーターにプロセスをコントロールされているということに気づき，やはり主体性が落ちていくということがあります。

　そこで3つ目，プロセスをコントロールするのではなく，プロセス自身を参加者がつくり上げていくという考え方が最も望ましいものです。そして，そのステージに至るために必要になるのが，場をコントロールするという考え方です。参加者が研修やミーティングに主体的に参加し考える場をつくることで，参加者自らが0から物事をつくり上げていく，プロセスも答えも学習の仕方も参加者自らつくり上げていくというやり方です。そのためには，ファシリテーターは，学習が起きる場はつくるが，その後は自分たちが前に出ず，見守るだけの存在へと役目を下げていかなくてはなりません。

　ただ，チームメンバーにファシリテーターとしていきなり場のコントロールをしてくださいといってもなかなか難しいので，少なくともプロセスのコントロールと場のコントロールの組み合わせができるようにトレーニングしています。

> ★ Point
> ・主体性を高め，メンバー自身がプロセスをつくり上げていけるよう場をコントロールするのが，望ましいファシリテーターの姿である
> ・プロセスのコントロールと場のコントロールの組み合わせからトレーニングを開始する

③ PSTの振り返り

実際の業務で実践した内容を，PSTの項目で振り返る
↓
ダイアログによって，メンバー全員で共有する

では，アクションラーニングでは具体的に何をするのでしょうか。1つ目は，PSTの振り返りということを行います。このPSTは，前章の個別インタビューの項で説明したものと同じものです。ここでは，5回目から6回目の間2週間で，自分の業務上の中でよかったこと（P：プラウド），残念だったこと（S：ソーリー），次のフォローアップ研修に向けての挑戦したいこと（T：トライ）を振り返り，チームメンバー全員で共有します。

④プロセスマネジメント

 各々の営業のプロセスをダイアログによりチームで共有する

　次に，プロセスマネジメントを行います。これは，各自が担当している顧客の契約獲得までに至るプロセスを，チームメンバー全体で共有しあうということです。
　人によって，プロセスの概念は異なっています。例えば，ある顧客に声かけをし，次にヒアリングをする段階を考えるとき，営業担当者によって，まだヒアリングの段階には早いのではないかと思う人もいれば，もうヒアリングの段階に行ってもいいだろうと思う人もいます。次のプロセスに進むタイミングも人それぞれなのです。そのような差異を「見える化」することにより，感覚的な概念のすり合わせをしていくというのが，このプロセスマネジメントの目的の1つです。
　もう1つの目的は，案件の進め方を探求することで，個人に帰属したノウハウや情報を共有するということです。他の人の営業の取り掛かりや，契約に至るまでのノウハウを各自がこれまで全く知らなかったということも，少なくありません。
　また，情報を共有することで，他の人のアプローチ先に対し「実は自分もこのような情報をもっている」など，情報がどんどん出てくるようになり，アクションラーニングによる組織学習が，実際の営業のパフォーマンス向上につながるという体験もここで得ることができます。

★Point
・プロセスの差異を見える化し，感覚的な概念をすり合わせる
・個人のノウハウや情報を共有する

⑤アクションプランの設定

最後に，次回のフォローアップ研修までの期間に行うアクションプランを立てます。

アクションプランシートを使って，次回（2週間後）のフォローアップ研修までのアクションを自分で設定する
・アクションに難易度をつけ，難易度が高い場合は設定を見直す
・アクションに対する障害，その対策，または必要な助けを予め考える
↓
次回のフォローアップ研修の際に，アクションが達成できたかを書き入れる

フォローアップ研修ごとに，アクションプランシートを使い，次回のフォローアップ研修に向けたアクションを自分で設定します。これに難易度をつけます。難易度は自分の感覚で，80％とか5段階のうち4といったようにつけます。ただし，あまり難易度の高いアクションに関しては，見直しましょうと言うことを謳っています。このようにアクションを設定する際には，目標の高いアクションを設定する傾向が強いようです。しかし，あまり高い目標を立ててしまうと，達成できなかった場合「目標が高いから達成できなかった」とかえって達成できなかったことを気にかけなくなってしまいます。これでは物事を達成していくことの習慣化ができません。そのため，目標とするアクションはなるべく難易度の低いものにし，その代わり必ずやり遂げるということを習慣化するということが重要になります。具体的には，例えば，トレーニングで行った資料による情報提供を，1社の顧客に紹介するといった目標を立てます。10社ではなく1社というところがポイントです。また，レクチャーで習ったうちの1つのコミュニケーションスキルについて気をつけるなどといったアクションを目標とします。

また，予めアクションを行うときの障害は何かということも考えてもらいます。そして，その障害が現れたときの対策には何かあるのかということを考え，それに対して誰かに手助けして欲しいという要望があるかということについても考えてもらいます。

アクションの期限は次のフォローアップ研修までの2週間です。
次のアクションラーニングのときに，このアクションが達成できたかどうかという

図表Ⅰ-3-10 アクションプランシート　　　　　　　　　　　　　　必ずできる目標を！

●日 付　　　年　　月　　日　　●氏 名

アクション		
やること	難易度	いつまでに

見直したアクション		
やること	難易度	いつまでに

障　害	対　策

アクション		
Proud	Sorry	Try

ことを書いてもらいます。チームメンバー全員が難易度の低いアクションを設定するので，大抵の場合は目標を達成しており，達成をしていないメンバーは少し恥ずかしい思いをし，次に向けて，自分ができるものになるようアクションの難易度を真剣に考えるようになります。

> ★ Point
> ・次回までに必ず達成できるレベルの難易度のアクションを設定する

以上が，アクションラーニングの3つのフレームです。これをメンバー同士でファシリテーター役をローテーションしながら行います。

9 各々の部署でのアクションラーニングの実践とその影響

トレーニングによって少しずつダイアログのやり方を身につけたプロジェクトメンバーたちは，それぞれの部署でも，ダイアログで会議を行おうと，他の従業員たちに呼びかけていくようになります。アクションラーニングの段階に入ると，チームメンバーがそれぞれの部署でのファシリテーターとなり，実際に会議を動かすようになるのです。そのようなメンバーの活動により，他の従業員たちにも自分たちの行動に対する気づきが起こります。これにより，新しいやり方が組織全体に少しずつ伝播していきます。こうしてプロジェクトチームのメンバーたちは，組織のインサイドのエージェントになっていくのです。

過去にプロジェクトを行ったチームのメンバーが，今でも自主的に集まり，順番にファシリテーターをしながら現場での実践の振り返りをしているという話も耳にします。チームメンバーから，いろいろな現場に伝播し，今ではチームメンバーに選ばれていなかった人も参加しているそうです。

> ★ Point
> ・メンバーがそれぞれの所属部署でのファシリテーターとなり，ダイアログによる組織学習が伝播していく

第4章
プロジェクトによる変化

1 研修終了時のまとめ：取り組みの効果

研修終了時の取り組みの成果としては以下の8つが挙げられます。

■ 研修終了時の取り組みの成果
1. チームメンバーのモチベーションアップ
2. トレーニングしたことの営業先や各部署での実践
3. 自己変革への気づき
4. コミュニケーションスキルのブラッシュアップ
5. 情報提供ツール作成のポイントを理解
6. コミュニケーションスキルの共通言語化
7. ロールプレイングによるトレーニング手法の習得
8. ダイアログによる組織学習の方法の習得

1つめは，チームメンバーのモチベーションアップです。参加者全員が成果を出すことにコミットしており，自己成果と組織への貢献への強い意欲が見られます。

2つめは実践，つまり，研修で学んだことが現場で実践されているということです。研修で学んだことを顧客先で実際に活用したり，それぞれの部署の中でのミーティング方法にチームメンバーが影響を与えたりしています。ファシリテーターのスキルについて学んだことも，実際の職場で使われています。

3つめは，自己変革への気づきです。チームメンバーとして参加した上位2割のトップセールスパーソンも，自らの営業方法のさらなるスキルアップの必要性に気づいています。

4つめは，コミュニケーションスキルのブラッシュアップです。これは当然のことでしょう。

5つめは，スクリプトを修正しロールプレイングを繰り返すうちに，情報提供ツールの作成のポイントがわかるようになるということです。

6つめは，コミュニケーションスキルの共通言語化ができたということです。

7つめは，ロールプレイングを繰り返し行うことにより，トレーニング手法の習得もできたということです。

　2つめと7つめの結果が現れた事例として，こんなことがありました。あるトップセールスパーソンがチームメンバーとしてプロジェクトに参加しました。彼はトップセールスパーソンだったので，これまではいつも直行直帰で，自分の成績しか頭にありませんでした。自分が数字を上げることで会社に貢献できると思っていたのです。その彼が，プロジェクトに参加し，トレーニング手法を学んだ結果，教育に目覚め，もともと抱えていた部下に対しトレーニングを行ったり，会議のやり方を変えたり，実際に実践をしていくようになりました。その結果，彼の指導により部下の成績が伸びたり，会議のやり方が変わったことにより部下から会議の雰囲気がよくなったと言われたりしたそうです。これは，現場での変革が起きた非常に良い事例でしょう。またこのケースでは，事務局のメンバーとして彼の上司が参画していたことが，実際の部署での実践に対する周りからの抵抗をなくす方向に作用しました。また，彼ほどのトッププレーヤーが変わるのだったら，その方法を真似してもよいのではないかというような雰囲気も広がったようです。

　最後の8つめの成果としては，組織学習の方法を学ぶことができ，組織におけるダイアログの方法や人の視点から学ぶということを獲得したということが挙げられます。
　以上が研修の成果です。

2 トップとのレビュー

　一連の研修の後，トップへのレビューを行います。ここまでが半年です。診断型のトレーニングに比べると，かなり長いプロセスにはなりますが，これまで述べてきたように，このプロセスを経ることで初めて，冒頭に提示した3つの目標が達成されるのです。

　トップとの最後のレビューでは，トップの認識が大きく変化することが少なくありません。プロジェクト前は個人の能力等の問題だと思っていたことが，関係性や相互学習の不足によるもの，つまり個人ではなく組織がもつ問題だったということに気づくのです。トップへのレビューが行われる段階では，アクションラーニングによる実践によって，ある程度の成果が上がり始めているので，トップにも，プロジェクトに

対し，成果が伴っていると肯定的に捉えてもらえます。「従業員が生き生きとし，主体性が高まった」，「従業員が成長し，組織全体のために想像を超える提案を行えるようになった」といった言葉も聞かれます。

第5章
コンサルティング終了後の変化

1 コンサルティング終了後の3つの大きな変化

　コンサルティング終了後の社内の変化としては，大きな変化が3つありました。まず，1つめは，トッププレーヤーの視座の変化です。自分の営業成績しか考えていなかったトッププレーヤーが教育に目覚め，部下や後輩を教育するという使命があるということに気づいたことです。2つめは，営業現場のミーティングの変化です。例えば，社内や営業先での付箋の使用などです。

　3つめの大きな変化は，参加者から会社への提案が行われるようになったということです。例えば，決算期末を直前に控えた時期で，会社全体でまだ営業成績が振るわない状態だったとき，チームメンバーが自ら集まり，どうしたら営業成績が上がるかを考え，プランをつくり，通常は彼らが参加できないトップ層の会議で，このプランをプレゼンテーションさせてほしいと志願したということがありました。このようなことは，この会社では初めての出来事だったそうです。その結果，そのプランを営業現場で取り組むことになり，営業成績が上がり，見事に目標額を達成しました。この例からもわかるように，対話型プロセス・コンサルテーションを行うと，個々人の主体性，自主性がとても上がるようです。またこの話は，コンサルタントが会社のトップマネジメントから聞いた話なのですが，それは件（くだん）のチームが研修を受けた2年後の話でした。その間彼らは，自主的に活動を続けていたのです。

2 階層構造の変化

　最後に，コンサルティングによる変化の結果として起きる，組織構造の変化について触れておきます。

　ほとんどの組織は，プロジェクトの取り組み前は，中央集権型の階層型のヒエラルキーでした。本社部門から営業部門に対し高い目標を押しつけられ，営業現場はそれを顧客に押し込むことに躍起になっていました。営業担当者は，顧客に利便性がある

073

かどうかは無視し，成績を上げるためだけにとにかく売り込むことになります。当然，顧客からの反応は悪く，営業成績を上げつつも，担当部署はどんどん疲弊し，マネジャーも現場担当者のモチベーションをどう上げていいのかわからないという状態に陥っていました。

プロジェクト取り組み後の組織は，制度上は依然としてヒエラルキーであるものの，実際に運営されているマネジメントの方法がフラット化しました。それにより，社内の関係性が向上し，社内の雰囲気が変わりました。

また，それにつれ，顧客と営業担当者の関係も変わりました。ダイアロジカルな営業スタイルになり，「お互いにとって何が良いか」というスタンスに変わったため，顧客の反応が変わったのです。そうすると，顧客が本当は何を欲していたのかという情報が，営業担当者を介して戦略部門（ヘッドクオーター）に入るようになります。

営業部門がヘッドクオーターに有用な情報をもたらすことにより，両者の関係性も変わり，ヘッドクオーターが目標だけ押し付けるということから脱しようとしています。また，ヘッドクオーターが顧客のニーズを知り，顧客と共創関係のある会社にしようと変化し，顧客との共創をスローガンに掲げる会社もありました。そのような流れの中で，先ほど述べたトップマネジメントの会議への参加のような，今までは想像もできなかったようなことが起きるようになっていくのです。

付録

参加者の声と受講前,受講後の変化

以下は,ファーストプレイスのコンサルティングでトレーニングに参加した参加者の実際の感想(とその解説)です。第Ⅰ部で示した一連の取り組みの結果が,より具体的にイメージできる資料になれば幸いです。

参加者の感想（トレーニング全体に対する典型的な意見）

- 密度,中身が濃い6日間の研修だった

- 今まで気づかなかった気づき,発見があり,すごく充実した時間だと感じた

- 仕事に行くのに生き生きとしていると妻から褒められた

　この参加者は,もともとモチベーションの高い社員だったが,少し不遇なことがあり,研修の始まる頃はちょうどモチベーションが下がった時期でした。彼がチームメンバーに選ばれ受講する中で,生き生きとした様子になっていったのには,2つの要素があったと推察できます。1つは,組織学習に触れることによって,人の批判を恐れることなく自分の意見を表明できるようになったこと,もう1つは,自分のスキルがどんどんアップしていくのを実感できたということです。彼は,研修に来るのをとても楽しみにしていましたので,その楽しい雰囲気が妻にも伝わったのでしょう。

　　　　　　　　　　＊　＊　＊

- 我が社の社内の雰囲気は良かったのだが,仲は良いが業績向上に向かう雰囲気はつくれていなかった。自分たちがそのような雰囲気を一緒につくらないといけないと感じ始めた

- 社内の横の連携が取れていないと思っていたが,この雰囲気を変えることを参加者のメンバーが率先してやっていきたい

- この研修を受けて何か成果を出していくことが,自分たちの使命だと思っている

　非常にモチベーションが上がった様子がうかがえます。

＊　＊　＊

● この研修で覚えたことを使うか使わないかは自分次第だが，私は使う

　　　自主性の高まりがうかがえます。

＊　＊　＊

● この研修の内容を下の人間（部下や後輩）に伝えていくことは，私たちの使命だと感じている

● フォローアップ研修をもっと続けて欲しい

● 我々のまだ勉強できていない部分をもっともっと教えてほしい

ビデオを使ったロールプレイングについての感想

● ビデオを見て気づくことがあった。自分の全然気づかなかったことをコンサルタントから教わることもできた

　　　コミュニケーション理論やマーケティング理論に基づき，コンサルタントからビデオを見る際の目線（チェックポイント）は教えられているが，その見方を使って自分自身が気づいたというところが重要なポイントです。

＊　＊　＊

● 画像を見ると，勢いで押し切ろうとしている姿がわかった。理詰めの活動ができていないと感じた

　　　この参加者は，コミュニケーションスキルの振り返りで「自分は圧が強い」と感じていたが，実際ロールプレイングをやってもそうであると感じたようです。

● 録画して自分が映っている姿を見るのは初めてだった。自分の感覚でやってしまっている感じがあったので，改めたいと思った

● 最近は会話が成り立つ（コミュニケーションが取りやすい）顧客としか商談をしていなかったためか，こういうことは忘れていたので，よく相手を見るということを今後取り入れていきたい

● (自分のビデオを見て)顧客への気遣いができていないということに気がついた。これからは取り入れていきたい

● (話し方が断定的だと指摘され,そんなはずはないと思っていたが)自分のビデオを見ると,そうだった

　　この参加者は,不快な表現の「断定 + 命令」を使っていたので,コンサルタントからひと言問いかけを行いました。

＊　＊　＊

● 休んで出てきたら,皆が上手になっていて驚いた。他のメンバーの言い回しがとても参考になったので,励みになった

　　この参加者は,ビデオカメラのロールプレイング3日間のうち,1日を休みました。翌日出席してみると,全員のレベルが上がり,言い回しをやり取りしながら全員でブラッシュアップしている組織学習が行われていて,たった1日での成長具合にとても驚いていました。彼以外の参加者たちはこの感想を聞き,自分たちがそのような学習をしていることに改めて気づかされました。

実際の行動の変化

● 知らない営業先には行きづらかったが,研修後は気にせずに飛び込めるようになり勇気がわいた

　　この参加者は,実は型取りのモデルとして選ばれたメンバーで,周りからは優秀なトップセールスパーソンだと思われていました。しかし,実は内心は行きづらい顧客もいたということを口に出せるようになり,もともとトップではあるがさらに改善をし,全体を引き上げる力となりました。

＊　＊　＊

● 新規先の継続訪問にはモチベーションを要していたが,それが容易にできるようになった

　　この参加者は,もともとは商品の押し込み売りをしていました。このやり方では,当然,知らない営業先には行きにくいものです。それが,マーケティングの情報提供という営業手法に変えたことで,顧客に情報提供するだけなのでリレー

ションシップが築かれ，無理に商品を売り込まなくてよいのだと考えることで，顧客を訪問しやすくなりました。

● 面談のアジェンダの提示が曖昧だったが，面談のアジェンダを紙で提示するということを実際の顧客先でできるようになった

　　アジェンダは，必ず紙で提示するよう伝えています。これには，自分の中にあるアジェンダがはっきりするという効果もあります。この参加者はこれまでアジェンダが曖昧だったので，相談がなかなかまとまらなかったのです。

＊　＊　＊

● 新たな案件の切り出しは，面談の雰囲気次第で行っていたが，アジェンダを活用して頻繁に案件を切り出せるようになった

　　アジェンダを紙に書いてしまっているので，その情報について言わざるを得ない状況がつくられます。

＊　＊　＊

● 経験に基づく面談スキルを使っていたが，理論に基づいた面談スキルを活用できるようになった

● 行き当たりばったりの営業をしていたので，顧客の反応にばらつきがあったが，研修後は面談の反応が良くなった

● 初めて会った営業先の常務に『君ならどこへ行っても取引してくれるんじゃないか』と褒められた

● アジェンダを提示したところ，初対面の営業先の部長に，『この営業はいいね。僕たちもこれを取り入れたい』と言われた

● 営業スキルの良し悪しを経験で判断していたが，理論で語れるようになった

● 部下や後輩の指導を自分の経験に基づいて行っていたが，理論に基づいてできるようになった

　　ロールプレイングのビデオによって自分自身の振り返りができているので，人のこともそのような視点で見られるようになっています。

＊　＊　＊

▍部下や後輩の指導の必要性は感じていたが不十分だったものが，指導に積極的に関わるようになった

　一般に，組織学習ができるようになると教育に目覚める人が多いようです。

＊　＊　＊

▍経験に基づいて社内の会議やコミュニケーションを行っていたが，対話運営スキルを活用してできるようになった

コンサルタントから見た変化

▌自主的に集まりフォローアップ研修を行い，現場の振り返りを自分たちだけでやるようになった。

▌自分たちの職場でも習ったことを活性化したり，後輩を指導したりといったことを積極的にやるようになった。

　これは，フォローアップミーティングでこの2週間どのように活動したのか振り返る中で，チームメンバーが話してくれたことです。例えばPSTのP，よかったこととして，「後輩にこのような話をしたら，このように動きが良くなった」といった話が出てきます。

　また，参加者本人から話を聞く以外にも，コンサルタントが実際にそう実感する場面もあります。自主運営のフォローアップ会に呼ばれて参加するとき，そのなかの新しい参加者が同じことを言っていることを聞いたこともあります。

＊　＊　＊

▌対話を活性化するために研修に取り入れていた付箋を使ったダイアログのやり方がそれぞれの職場にも伝播し，顧客とコミュニケーションが取れないときに付箋を持ち込んで使うなどするようになった。

▌猫背だったり，肘をついて話していたり，斜めになって話していたりしたのが，トレーニング後，肘をつくのもやめて，ピシッとした姿勢で話をするようになった。

　例えば，肘をついて前かがみになって話すといった姿勢は，相手に非常にプレッシャーを与えます。そのような姿勢だった人が，肘が机から離れ，前かがみにならずに話すようになりました。

これらは全て，自分自身のビデオを見て直しています。自分で見て自分で直すほかに，チームメンバーで意見を言い合い，相互学習で学んでいくこともあります。この影響は，とても大きなものです。信頼関係の構築できたチームの中で，同僚からフィードバックをもらうと，上司から何かを指摘されるのとは違う，前向きな気持ちが生まれます。

　参加者は，研修前は，自分が言うことを相手に伝えて説得しようという主観的な気持ちだけですが，研修後は，相手側が自分をどう見ているのかというところに視点がいくようになり，相互作用的な見方に変わっていくようです。

第Ⅱ部 理論編

対話型プロセス・コンサルテーションとレベル2リレーションシップ

　第Ⅱ部では，シャイン博士が，理論編として著書"Humble Consulting: How to Provide Real Help Faster"（2016）で提唱したリレーションシップのレベルという新しいコンセプトを基にし，ファーストプレイスの事例が組織開発に成功したポイントを読み解いていきます。
　組織内で望ましい，または望ましくないリレーションシップ（人間関係）とは，どのようなものであるか。望ましいレベルのリレーションシップを生み出す場に導くためのコンサルテーションのポイントとは何か。また，望ましいレベルのリレーションシップがもたらす影響が，組織のシステムにどのような変化をもたらすのか。リレーションシップの理論という視点から本書の事例を見ることで，第Ⅰ部の具体的な事例の中での注意点や様々な工夫の持つ意味が，より深く理解できるようになるでしょう。

1 新しい介入としてのファーストプレイスの取り組み

　ファーストプレイスの取り組みは，対話型プロセス・コンサルテーションの素晴らしい事例と言えるでしょう。

　ラーニングモデルというのは，まず何かを教えてあげてそれをやってもらい，フィードバックを与えます。そのアクションの部分，何をやってもらうのかというところに，それぞれのセオリーがあります。ファーストプレイスでは，「セールス」ということにおいての型や理論を持っています。それは「売り手の都合ではなく，顧客の選択に基づいたプロセスであること」や「コンサルテーションにおいては，営業担当者と顧客との関係性をダイアログによって構築しつつ，同時に顧客に購買行動そのものにも満足してもらうこと」などです。

　例えば，大きな部屋に営業部門の人間を100人ほど呼び，コンサルタントが持っているセールスに関してのセオリーをレクチャーするということもできます。その後，彼らに自分の職場に戻らせてそれを実践させ，できていない場合は（たいていの場合，できていないことの方が圧倒的に多いのですが）コンサルタントがエキスパートとしてそれを指摘する。このようなやり方が今までの多くの会社でやられてきた従来型のコンサルティングです。

　ファーストプレイスが行っているのは，これとは全く違うことです。セオリーがグループに伝えられることで，このグループが，重要なフィードバックの源になります。信頼関係のあるグループから肯定的な反応を得る，このフィードバックがチームメンバーのラーニングをさらに良いものにしています。コンサルタントからのフィードバックも同様です。

　これは非常に新しいタイプの介入だといえるでしょう。このラーニングのパワーの源は，この，グループからのフィードバックの部分にあります。そのためには，グループが自分たちのリレーションシップというものを作り上げていなければなりません。これを目指すため，コンサルタントは数々の，細心の，しかし控えめな介入をいくつも行っています。従来型のコンサルティングは，ほとんどが失敗しています。レクチャーを聞いて職場に戻っても，ほとんど変化は起きません。しかし，ファーストプレイスの取り組みでは，チームメンバーや組織全体に，本当の変化が起こっているのです。

2 リレーションシップ理論

ファーストプレイスの目指すダイアログによる組織学習とそれによる変化を実現できるような関係性の状態を，新しいコンセプトとして，レベル2リレーションシップと呼んでいます。私（シャイン）は，著書『ハンブルコンサルティング』の中で，このレベル2リレーションシップの考え方を導入しています。

どの文化にも，異なったレベルのリレーションシップが存在します。では，レベル2リレーションシップとはどういうものなのでしょうか。このリレーションシップ理論では，職場におけるリレーションシップのレベルを4つに分けています。

3 レベルマイナス1リレーションシップ

> レベルマイナス1：1人の人間による，他の人々の支配と統制

- リレーションシップは敵対的であり，相互予測はほぼ否定的
- レベルマイナス1リレーションシップも，よりポジティブなリレーションシップへと発展する可能性を持っている

図表Ⅱ-1 レベルマイナス1リレーションシップ

Level −1

リレーションシップのレベルが1番低いものを，レベルマイナス1と呼んでいます。このレベルでは，上司が部下を完全に支配，統制しています。このようなリレーションシップは，敵対的であり，両者の間に信頼は存在しません。しかしながら，時にはこのような関係もポジティブな前向きなリレーションシップへと進化していく可能性を持っています。特に下の人間からポジティブな関係が上司に対して作られるという

ことはあります。

例えば刑務所、これは典型的なレベルマイナス1の関係です。ただし、時には刑務所内で看守が囚人と心情的に親しい関係を持つこともあります。

4 レベル1 リレーションシップ

レベル1：仕事における「典型的な」リレーションシップ

- お互いの役割と業務によって接する
- リレーションシップは事務的、公式的、打算的
- お互いの行動をある程度は予測できるが、お互いは「他人同士」のまま
- 役割間に地位の差がある

図表Ⅱ-2 レベル1 リレーションシップ

お互いの信頼感やオープンさは業務（サービス、専門職、教育、子育て、マネジメントなど）の性質によって様々である

次にレベル1を見てみましょう。レベル1は官僚的で、ビューロクラシーにおける関係の典型的なものです。このような関係性の原則は、お互いの役割と業務によって接するというものです。上司からは「こういうことをやりなさい」と言われ、それを実行するというような関係です。上司は部下に「売れ、売れ」と言い、営業の担当者は顧客に「買って、買って」と言います。ここにはリレーションシップはありません。まさに業務ベースの関係です。上司が部下に売れと命令をしたときのリアクションは、容易に想定できますし、顧客に買ってくれと言ったときのリアクションも容易に想定できます。また、これは非常に制約の大きいリレーションシップでもあります。役割というのが決まっている一方で、1人の人間としては、それぞれお互いのことは何も知らない、見知らぬ人同士の関係でもあります。

この関係性は、かなりいろいろなものを包括する幅広いカテゴリーです。多くの医

師と患者の関係もそうですし，弁護士とクライアント，上司と部下，などもそうでしょう。医療現場では，医師と患者以外にも，医師とコメディカルの関係もこれであることが多いでしょう。どれも，役割と業務をベースにした関係性です。

もちろん，このレベルでもある程度の信頼関係は存在するし，ある程度オープンであることを期待されてもいます。例えば，医者というプロフェッショナルに対し，患者は真実を伝え，医師はそれに対し良いアドバイスを提供するということに限って言えば，信頼関係が存在しているといえます。

このようなレベルで最も問題になるのは，マネジメントする際の関係性です。部下は，上司には，ネガティブな事柄について本当にオープンに自由に真実を伝えることはできません。アメリカの会社でも，ボスが何か問題があるかと尋ねても，部下はどのような状況であれ，すべて大丈夫だと答えてしまいがちです。

このレベル1のリレーションシップは，以下のような時にだけ，うまく機能します。それは，タスク，やらなければいけないことがシンプルでクリアであり，上司が，自分の部下がやらなければならないことについてきちんと理解しており，それをするよう指示できる場合です。

ファーストプレイスの事例で，コンサルティングが行われる前の営業部門は，まさにこのレベル1の状態でしょう。その上で，上司はセールスについての良い理論を持っておらず，売れとはいうものの，どうやって売ったら良いのかということに対しての教育ができていませんでした。

5 レベル2リレーションシップ

レベル2：個人的かつ適切なリレーションシップ

- お互いを1人の人間として接する
- コミュニケーションはよりオープンになり，物事が確約され達成されるようになる
- 相対的な地位や立場は受け入れられたり，敬われたりしている
- 心理的安全性（仕事に関連することについても事実を自由に口にできる）が最大となる

図表Ⅱ-3　レベル2リレーションシップ

レベル2リレーションシップになると，決められた役割としてのみ接するレベル1の関係性から，1人の人間としてお互いを知っているというところに関係性が進みます。ファーストプレイスの事例において，最初のチームインタビューで行われていたことは，まさにこのレベル2リレーションシップを構築するということでしょう。お互いをよく知り合うためには時間がかかりますが，ファーストプレイスでは付箋を使うなどの様々な工夫により，これが行われています。このレベル2の関係性によって，もっとオープンになり，プラウドやソーリーについて真実を語るようになります。ここで語られるものは，その人たちの持っているフィーリングであり，判断やジャッジメントではありません。業務上の正解不正解ではなく，1人の人間としての感情のレベルで話をしています。

　ファーストプレイスのコンサルタントは，チームメンバーの少し上のレベルにはいるものの，チームメンバーに対して，1人の人間としてとても近しい存在になっています。これにより，メンバーは，コンサルタントの言葉に対しても，心理的に安全であると感じることができるのです。たいていの場合はレベル1にとどまっている医師と患者の関係も，本当はこのレベル2であることが望ましいでしょう。関係性が密なものにならなければ，患者は医師に本当のことを言えません。つまり，レベル1にとどまっていては，医師は表面上の言葉からしか情報を得ることができないのです。

6 レベル3リレーションシップ

レベル3：親密（必ずしも良いわけではない）

- お互いを親しい友達や恋人のように接する
- 相互の感情的な結びつきは，個人的魅力によって左右されることがある

- 相対的な地位や立場は無視される
- 仕事の場面では，不適切であると見られることもある

図表Ⅱ-4　レベル3リレーションシップ

　レベル2のさらに上に，レベル3のリレーションシップというものもあります。これは，家族や恋人，友達など，もっとも親密な関係です。

　この関係性は，職場では良い場合もあれば良くない場合もあるでしょう。このレベル3に対する反応は，それぞれの国の文化でも異なります。どこからが個人的なことになるのか，適切な関係を通り越して親密すぎるというような境界線がどこにあるのかということは，文化や国によって違います。例えば，日本とアメリカでも大きく異なっています。軍隊，例えば，海軍のネイビーシールズや陸軍のレンジャー等では，非常に複雑なタスクをこなさなければいけないので，チームのメンバーが非常に親密にならなければいけないということもあります。

　レベル3では，それぞれのステータスやポジションは無視されるというポイントが重要です。優れたチームというものは，タスクの必要性に応じて，ボスがローテーションをする，つまりその時々に1番適切な人がボスになる（もちろん，これは公的なポジションとは関係ないことも多いです）場合がありますが，このようなことはレベル3のリレーションシップができていないと難しいものです。

　組織の規模や，その組織がどれだけフォーマルであるかということによっても，適切なレベルは違ってきます。例えば，本当は恋愛関係にあっても，組織が大きくフォーマルである場合は，社内ではそうではないような見かけをキープしなくてはいけないかもしれませんし，もう少し小さめの組織もしくはインフォーマルな組織で，あまりそのようなことを隠す必要がないこともあるかもしれません。先出のネイビーシールズなどでは，チームのメンバーが非常に親密にならなければなりません。この場合の親密さは恋愛感情のようなものではありませんが，誰かが何か言いかけたらその人が言いたいことを他の人が全部わかる，阿吽の呼吸のようなものが求められているのです。

7 コンサルタントの果たす役割

　リレーションシップ理論が理解できたところで，もう一度ファーストプレイスの事例について考えてみましょう。この事例では，チームメンバー十数人の間で，意図的にレベル2の関係を構築しています。つまり，フォーマルな形で存在していた役割を中断し，それぞれが1人の人間としての付き合いをするようになるような仕組みがあるのです。コンサルタント2人は，心強い援助を得られる第三者として存在して，誰かを責めたり，誰か1人が手柄を独り占めしたりするようなことがないよう，お互いが関係性を深めていけるような場を形成しています。またコンサルタントは，万が一そのような難しい状況になったときには介入することができるような役割も担っています。さらに，ただ単にチームメンバー同士がお互いを褒め合うということではなく，専門家であるコンサルタントの賛同を得ることで，思い入れも深まるし，さらに責任感を持ってチームに関わっていけるようになります。

　もしこの十数人が「これからあなたたちはラーニンググループになりなさい」などと突然言われたとしても，理論による裏付けがないままでは難しかったでしょう。コンサルタントからコミュニケーションやセールス，リレーションシップに関するレクチャーを受けられたので，それが可能になったのです。

8 ポジティブなフィードバックの重要性

　PSTに，批判というものが入っていない，肯定するということから入っているということは，非常に重要なポイントです。誰かが誰かを非難するということになると，（もちろんこれがうまくいくこともあるが）あまり良い状況にならないことが多いです。それを避けるために，弱みを追求することや批判をしないといったルールを作ることも，コンサルタントの仕事です。

　多くのマネジメントのセオリーには，部下を改善させる目的で欠点を指摘するといったことが説かれています。しかし，このようなことは心理的な距離感を生み，結果的に学習の機会を損ねてしまいかねません。実は，前向きでポジティブなフィードバックの方が，ネガティブな指摘よりもラーニングを促進するということがわかったのは，比較的最近のことです。

9 レベル2のリレーションシップによるダイアロジカル・ロールプレイング

　プロジェクトのチームは，レベル2の段階で，何度もロールプレイングを行います。ロールプレイングでは皆が正直に語り合い，フィードバックをしていきます。昔ながらのやり方では，フィードバックは基本的には全てネガティブなものです。しかし，グループの中での信頼関係が存在し，心理的な安全性が確立されている場合は，ポジティブなこともネガティブなことも正直に出すことができます。「チームメンバーから学んだ」というメンバーの感想もありました。グループのマネジメントセオリーの重要なポイントは，ラーニングを深めるために心理的安全性を生み出すということです。その上で，ロールプレイングやロールプレイングをビデオに撮ること，グループからのフィードバックといったコンビネーションが，非常に強い力を持つのです。

10 ダブルループラーニング

　最後に，ダブルループラーニングの話をしましょう。

図表Ⅱ-5　ダブルループラーニング

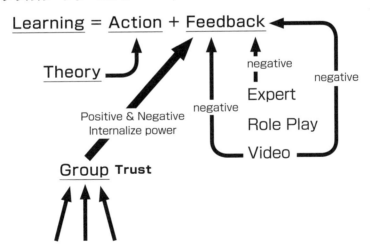

　図表Ⅱ-5中の太い矢印，グループからのフィードバックは，学んだものを自分たちで生かしていく，インターナライズ（内在化）していくことができる強い力を持っています。それによって，チームメンバーは，全員が「これからはちゃんと売っていくことができる」，「部下を教育することができる」というような自信を持つことができ

るのです。

　これらの情報は，外部の人から聞いたものではなく，自分たちの組織内の人が言っている，自分たちと同じ社員が言っているということにより，意味合いがまた非常に大きなものになります。専門家のレクチャーを聞いても，耳からそのまま外に出て行ってしまっていたのが，自分たちと同じ営業担当者の言葉は，たとえ同じ内容でもまったく新しい意味合いを持つことになるのです。また，部下がとても良い業績をあげれば，部下が上司を変えるような状況になり，上の役職の人たちもこのようなセオリーを取り込むようになります。このようなことが実際に起こるためには，リーダーたちがプロジェクトのスポンサーとなり，こういった準備を起こしていく必要があります。

　チームメンバーには，新たな自分のストーリーというものもできてきます。自分が学んだ理論を強化するような，自分たちの体験のストーリーができ，それが組織の中の部分としてどんどん作られていきます。それが浸透して定着するには時間がかかります。いろいろな機能グループや部署にまたがってこのようなことが浸透するためには，組織内に新しいグループがどんどん生まれ，その人たちがリードしていくというような状況を作っていかなければなりません。

　このようなレベル2のリレーションシップを作り，それが部署を超えて浸透するためには，多くの時間がかかるでしょう。そのため，コンサルタントも長期間関わりを続け，レベル2のリレーションシップをどうやって作っていくのかということを，皆に見せていかなければならないでしょう。従来型のヒエラルキーを持ったビューロクラシー的官僚的な組織には，常にレベル1の関係性へとゆり戻す力が働くので，特にそのようなことが起こらないための追加的な努力が必要です。官僚的な組織からは，新しいセオリーは生まれません。それを生み出すことができるのは，いろいろな個々人が相互に内部接続しているような，リビングシステムなのです。このシステムには，もちろん顧客も含まれています。

図表Ⅱ-6　機械的モデルからリビングシステムモデルへ

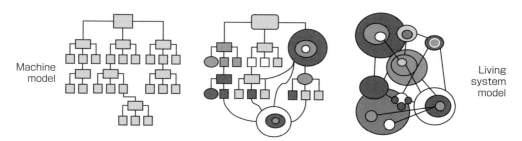

まとめ

　ファーストプレイスの事例では，組織開発のテクニックをうまく使い，グループを作り，レベル2のリレーションシップを構築し，セールスのセオリーとそれを統合し，ラーニングプロセスを作ることにより，組織全体に変化をもたらしています。ロールプレイングをビデオで撮り，それを反復して行うというやり方は，非常に強力な手法であるといえるでしょう。しかし，最も大きな力を発揮したのは，他でもない，グループからのフィードバックです。その点で，この事例は，真の組織学習を達成するということについて，非常に良いモデルとなるでしょう。

　文化の変化には長い時間がかかり，容易にレベル1に逆戻りしてしまいます。レベル1の方が簡単な上，ずっと行ってきたことであるので，よくわかっているからです。レベル1は，タスクがシンプルである場合には良いかもしれません。しかし，昨今，グローバル化や多様化，IT化，技術の進歩などの影響もあり，仕事というものは非常に複雑になる一方です。レベル2を保ち続け，組織学習を活性化する組織を保つために，是非このような介入を続けていってほしいと思います。

❖ 謝　辞 ❖

　本書は，ファーストプレイスが行っている営業変革プログラムの全体像をまとめたものです。

　本書が，このたびの出版の機会を得ましたのは，尾川丈一先生との出会いがきっかけでした。尾川先生との初めての面談で私たちの営業変革プログラムをご紹介したとき，これは，MIT名誉教授エドガー・シャイン先生の「プロセス・コンサルテーションの好取り組み事例だ，一度シャイン先生に話を聞いてもらうと良いのではないか」と言っていただいたのです。それから二度渡米し，カリフォルニア州パルアルトで尾川先生にシャイン先生との，のべ4日間にわたる面談の機会を設定いただきました。

　果たしてシャイン先生からどのような評価をいただけるのか？　面談を迎えるにあたっては期待というより不安の方が大きく，少しドキドキとした気持ちだったことを覚えています。面談ではファーストプレイスの営業変革プログラムの取り組みをご紹介しましたが，私たちの説明が上手くいかない場面では，幾度かシャイン先生から"Joichi Help"とのお声が掛かりました。その都度，尾川先生に私たちでは及ばない学術的な見地から丁寧な解説を加えていただきました。面談が進むにつれてシャイン先生から"Excellent"や"Perfect"とのお言葉をいただくようになった時には，嬉しいというよりホッとしたというのが正直な気持ちでした。

　尾川先生との出会いがあり，シャイン先生とお引き合わせいただき，そして、評価いただけたことが本書の出版への大きな一歩となりました。このような機会を与えて下さった尾川丈一先生に衷心より感謝を申し上げます。

　また，本書の出版にあたっては，シャイン先生との面談記録やシャイン先生の解説の翻訳から編集までを松本美央氏にご担当いただきました。米国と日本の企業文化の違いなど，細部にわたる的確な翻訳と編集があればこそ，本書の出版が可能となったと思っております。松本美央氏に心からの謝意を表します。

　最後に，あらためてエドガー・シャイン先生，尾川丈一先生，松本美央氏に感謝申し上げますとともに，本書を機に多くの企業や役職員のみなさまの組織学習に貢献することで，お三人のご恩に報いたいと思います。

2019年6月24日

株式会社ファーストプレイス
代表取締役
小林　基男

■著者紹介

エドガー H. シャイン（Edger H. Schein）

1947年シカゴ大学社会学部卒業（アービン・コフマンに師事），1949年スタンフォード大学大学院社会心理学研究科修士 課程修了（ハリー・ヘルソンに師事），1952年ハーバード大学大学院社会関係研究科博士課程修了（コードン・オルポートに師事），William Alanson White Institute（NY ネオ・フロイト派社会精神分析研究所）Post-Doctoral Program 修了（フリーダ・フロムモライヒマン〔Frieda Fromm-Reichmann〕に教育分析を受ける）。

NTL（National Training Laboratory）で T-グループに，ウォレン・ベニスと初期から関与。クルト・レヴィン（MIT Group Dynamics Research Center）やダグラス・マクレガー（MIT Sloan School, 学部長），リチャード・ベックハード（MIT Sloan School, 特任教授）から強い影響を受け，Addison-Wesley の OD Series の監修者の1人となる。人間と人間のインターフェイスとして，「組織心理学」という新しいパラダイムを提示。また，人間と機械のインターフェイスの提唱者。ニコラス・ネグロポンテ（MIT Media Lab 所長）とは，暁憩の間柄である。

現在　MIT Sloan School Professor Emeritus

［著書］（邦訳されたものに限る）：『組織心理学』（松井賚夫訳，岩波書店，1966年），『リーダーシップ』（共著：高橋達男訳，産業能率短期大学出版部，1967年），『T-グループの実際：人間と組織の変革 I』『T-グループの理論：人間と組織の変革 II』（共著：伊藤博訳，岩崎学術出版，1969年），『職場ぐるみ訓練の進め方』（OD シリーズ 2）（高橋達男訳，産業能率短期大学出版部，1972年），『キャリア・ダイナミクス』（二村敏子・三善勝代訳，白桃書房，1991年），『新しい人間管理と問題解決』（稲葉元吉・稲葉祐之訳，産業大学出版部，1993年），『プロセス・コンサルテーション』（稲葉元吉監訳，尾川丈一訳，白桃書房，2002年），『キャリア・アンカー』（金井壽宏訳，白桃書房，2003年），『キャリア・サバイバル』（金井壽宏訳，白桃書房，2003年），『企業文化—生き残りの指針』（金井壽宏監訳，尾川丈一・片山佳代子訳，白桃書房，2004年），『DCC の興亡』（共著：稲葉元吉・尾川丈一監訳，亀田ブックサービス，2007年），『キャリア・アンカー：セルフ・アセスメント II』（金井壽宏・髙橋潔訳，白桃書房，2009年），『人を助けるとはどういうことか』（金井壽宏監訳，金井真弓訳，英治出版，2009年）『組織文化とリーダーシップ』（梅津祐良・横山哲夫訳，白桃書房，2012年），『組織セラピー』（共著：尾川丈一・稲葉祐之・木村琢磨訳，白桃書房，2013年），『キャリア・マネジメント—変わり続ける仕事とキャリア』（共著：木村琢磨監訳，尾川丈一・清水幸登・藤田廣志訳，白桃書房，2015年），『企業文化［改訂版］—ダイバーシティと文化の仕組み』（尾川丈一監訳，松本美央訳，白桃書房，2016年），『シャイン博士が語る キャリア・カウンセリングの進め方—〈キャリア・アンカー〉の正しい使用法』（共著：松本美央他訳，白桃書房，2017年），『シャイン博士が語る 組織開発と人的資源管理の進め方—プロセス・コンサルテーション技法の用い方』（共著：松本美央他訳，白桃書房，2017年），『謙虚なコンサルティング—クライアントにとっての「本当の支援」とは何か』（金井壽宏訳，英治出版，2017年），『キャリア・ダイナミクス II』（共著，亀田ブックサービス，2017年）

小林　基男（こばやし・もとお）

1991年大学卒業後，国際証券（現三菱 UFJ モルガンスタンレー証券）入社。ソニー生命研修部トレーナー，プルデンシャルファイナンシャルアドバイザーズ証券を経て，2001年株式会社ファーストプレイスを創業。代表取締役社長。証券会社における金融商品販売，保険会社におけるトレーナーの経験を活かして証券仲介業，保険代理業，コンサルティング業務を3つの柱として会社を経営。自らも保険会社，銀行，IT ハイテク業界を中心とした組織変革，営業変革のコンサルティングおよび研修に従事。中国，香港にも関連会社を設立し，コンサルティング業務のアジア展開に取り組む。

［著書］『はじめて学ぶお金のふやし方』（Nana ブックス，2007年）

重松　健司（しげまつ・けんじ）

1987年大学卒業後，住友海上（現三井住友海上）入社。三井住友海上きらめき生命（現三井住友海上あいおい生命）営業推進部課長，三井住友海上シティインシュアランス生命（三井住友海上メットライフ生命を経て，現三井住友海上プライマリー生命）営業推進部長，営業統括長，マーケティング統括長，ソニーライフエイゴンプランニング（現ソニーライフエイゴン生命）営業企画部長兼営業推進部長（業務執行役），研修会社社長を経て，株式会社ファーストプレイス取締役社長室長。保険会社での営業企画，営業教育，システム開発および保険会社の立ち上げ業務の経験を活かして，保険会社，銀行，IT ハイテク業界を中心とした組織変革，人材開発，営業変革のコンサルティングおよび研修に従事。

■訳・編集者紹介

松本　美央（まつもと・みお）
1999年　筑波大学第一学群人文学類卒業

[訳書]
エドガー H. シャイン著『企業文化[改訂版]―ダイバーシティと文化の仕組み』（白桃書房，2016年）
エドガー H. シャイン他著『シャイン博士が語る キャリア・カウンセリングの進め方―〈キャリア・アンカー〉の正しい使用法』（共訳：白桃書房，2017年）
エドガー H. シャイン他著『シャイン博士が語る 組織開発と人的資源管理の進め方―プロセス・コンサルテーション技法の用い方』（共訳：白桃書房，2017年）

Dr. シャインの
実践：対話型プロセス・コンサルテーション
営業組織が変わる法則

2019年8月6日　初版発行　　　　　　　　　　　　　　　　〈検印省略〉

著　者　　エドガー H. シャイン・小林基男・重松健司
訳・編集者　松本美央
発 行 者　　大矢栄一郎
発 行 所　　株式会社　白桃書房
　　　　　　〒101-0021　東京都千代田区外神田 5-1-15
　　　　　　☎03-3836-4781　FAX 03-3836-9370　郵便振替 00100-4-20192
　　　　　　http://www.hakutou.co.jp/

装丁・本文デザイン・組版　　中野多恵子
印刷・製本　　　　　　　　藤原印刷

ⓒ Process Consultation Inc. (Japan) & First Place 2019　Printed in Japan

本書のコピー，スキャン，デジタル化等の無断複製は著作権法上での例外を除き禁じられています。本書を代行業者等の第三者に依頼してスキャンやデジタル化することは，たとえ個人や家庭内の利用であっても著作権法上認められておりません。

JCOPY ＜出版者著作権管理機構　委託出版物＞

本書の無断複写は著作権法上での例外を除き禁じられています。複写される場合は，そのつど事前に，出版者著作権管理機構（電話 03-5244-5088，FAX 03-5244-5089，e-mail: info@jcopy.or.jp）の許諾を得てください。

落丁本・乱丁本はおとりかえいたします。

ISBN978-4-561-24718-0 C3034

E.H. シャイン・尾川丈一・石川大雅 著　松本美央・小沼勢矢 訳
シャイン博士が語る組織開発と人的資源管理の進め方　本体 1850 円
―― プロセス・コンサルテーション技法の用い方 ――

E.H. シャイン・尾川丈一・石川大雅 著　松本美央・小沼勢矢 訳
シャイン博士が語るキャリア・カウンセリングの進め方　本体 1800 円
――〈キャリア・アンカー〉の正しい使用法 ――

E.H. シャイン 著　金井壽宏・高橋潔 訳
キャリア・アンカー I　本体 762 円
―― セルフ・アセスメント ――

E.H. シャイン 著　金井壽宏 訳
キャリア・アンカー　本体 1600 円
―― 自分のほんとうの価値を発見しよう ――

E.H. シャイン 著　金井壽宏 訳
キャリア・サバイバル　本体 1500 円
―― 職務と役割の戦略的プランニング ――

E.H. シャイン・J. ヴァン゠マーネン 著　木村琢磨 監訳　尾川丈一 訳
キャリア・マネジメント【3冊セット】　本体 7300 円
―― 変わり続ける仕事とキャリア ――

E.H. シャイン 編著　尾川丈一・稲葉祐之・木村琢磨 訳
組織セラピー　本体 2315 円
―― 組織感情への臨床アプローチ ――

E.H. シャイン 著　尾川丈一 監訳　松本美央 訳
企業文化【改訂版】　本体 3500 円
―― ダイバーシティと文化の仕組み ――

E.H. シャイン 著　梅津祐良・横山哲夫 訳
組織文化とリーダーシップ　本体 4000 円

E.H. シャイン 著　稲葉元吉・尾川丈一 訳
プロセス・コンサルテーション　本体 4000 円
―― 援助関係を築くこと

E.H. シャイン 著　二村敏子・三善勝代 訳
キャリア・ダイナミクス　本体 3800 円
―― キャリアとは，生涯を通しての人間の生き方・表現である。――

―――――――――― 白桃書房 ――――――――――
本広告の価格は消費税抜きです。別途消費税が加算されます。